AF342943

NOTRE DOMAINE COLONIAL

IX

Les Colonies Françaises d'Amérique

SAINT-PIERRE ET MIQUELON
par Pierre CORBIN

LA GUADELOUPE
par Sainte-Luce-Banchelin

LA MARTINIQUE
par Marcel GUIEYSSE

LA GUYANE
par Léon JACOB

4 Cartes - 30 Photographies

ÉDITION

NOTRE DOMAINE COLONIAL

94, Rue de la Victoire, PARIS (9ᵉ)

1924

Prix : 7 fr. 50

NOTRE DOMAINE COLONIAL

IX

Saint-Pierre et Miquelon

La Guadeloupe

La Martinique

La Guyane

NOTRE DOMAINE COLONIAL

I. — Les Colonies Françaises (*volume paru*).

II. — Algérie.

III. — Tunisie.

IV. — Maroc.

V. — A. O. F. (*volume paru*).

VI. — A. E. F.

VII. — Madagascar, Comores, Réunion.

VIII. — Indochine Française (*volume paru*).

IX. — Les Colonies Françaises d'Amérique (*volume paru*).

X. — L'Océanie Française (*volume paru*).

IX

Les Colonies Françaises d'Amérique

SAINT-PIERRE ET MIQUELON
par Pierre CORBIN

LA GUADELOUPE
par Sainte-Luce-Banchelin

LA MARTINIQUE
par Marcel GUIEYSSE

LA GUYANE
par Léon JACOB

4 Cartes - 30 Photographies

ÉDITION

NOTRE DOMAINE COLONIAL

94, Rue de la Victoire, PARIS (9e)

PREMIÈRE PARTIE

Saint-Pierre et Miquelon

PAR

Pierre CORBIN

Commissaire de Saint-Pierre et Miquelon
à l'Exposition Coloniale de Marseille (1922)

SAINT-PIERRE ET MIQUELON

CHAPITRE PREMIER

Historique - Géographie physique - Géographie politique

ORIGINES

Les îles de Saint-Pierre et Miquelon et de Terre-Neuve ont été découvertes, semble-t-il, en 1497, par Jean Cabot, Vénitien au service de l'Angleterre. Mais en 1504, les pêcheurs normands et bretons auraient déjà fréquenté leurs parages. Un des premiers voyages qui puisse être contrôlé est celui de Jean Denys en 1506. Jacques Cartier, en 1536, signale qu'il « avait rencontré aux îles Saint-Pierre et Miquelon plusieurs navires, tant de France que de Bretagne ». Pendant la première moitié du XVIe siècle, un grand nombre de Bretons et de Basques entreprirent avec éclat les premières campagnes de « grande pêche ». Mais à ce moment-là, les navires qui, de janvier à mars, quittaient Le Havre, Honfleur ou Dieppe, rentraient tous à l'automne dans leur port où ils passaient l'hiver : Saint-Pierre n'était encore qu'un « lieu de pêche. »

C'est pour faciliter leurs opérations que, dès 1604, quelques marins songèrent à fonder des établissements sédentaires et des pêcheries sur le littoral de Saint-Pierre et Miquelon. Ces premiers établissements, « simples installations de fortune », permirent à la France de prendre officiellement possession de ces îles. En 1670, une petite colonie de vingt-quatre personnes décida de s'installer définitivement à Saint-Pierre, et, c'est de ce petit groupe, auquel vinrent s'adjoindre d'autres familles de pêcheurs, qu'est née notre colonie Saint-Pierraise.

Les Anglais n'ayant pas tardé à contester nos droits sur ces territoires, c'est à cette même époque qu'un fortin fut armé à Saint-Pierre; puis, en 1694, la petite ville reçut une garnison de trente fusils. Malheureusement, cette première occupation française des îles Saint-Pierre et Miquelon allait être de courte durée. En effet, en 1713, le traité d'Utrecht, nous faisait perdre ces îles. Les Saint-Pierrais, une première fois « dérangés », vinrent se réfugier au Canada.

Pendant un demi-siècle, les îles Saint-Pierre et Miquelon restèrent ainsi sous la domination anglaise, mais en 1763, après la fatale guerre de Sept Ans, le traité de Paris, qui sanctionnait d'une façon terrible notre défaite en livrant toutes nos colonies de l'Amérique du Nord à l'Angleterre, nous autorisait, par contre, à reprendre possession de ces deux îles, à condition de ne point les fortifier. Ainsi, de 1764 à 1767, nos courageux pêcheurs, réfugiés au Cap Breton et en Acadie, revinrent-ils avec joie et fondèrent de nouveaux établissements à Saint-Pierre et Miquelon. D'autres pêcheurs de Bretagne et de Normandie vinrent peu de temps après se joindre à eux et formèrent un noyau assez important qui repeupla les îles.

En 1765, les résidents de nos îles atteignaient le chiffre de 1.600. L'année suivante, on signalait à nouveau l'arrivée de 200 Acadiens. Sous l'administration du baron de l'Espérance, gouverneur des îles, la colonie continuait à prospérer, quand, en 1778, le contre-amiral anglais Montague vint en arrêter l'essor, en s'emparant de nos îles, dont les habitants, au nombre de 1.400, furent encore une fois déportés et les maisons entièrement rasées : ce fut le deuxième « dérangement ».

En 1783, le traité de Versailles rendit encore une fois Saint-Pierre et Miquelon à ses anciens habitants ; 500 pêcheurs courageusement rentrèrent de leur exil et reconstruisirent leur maison. En 1784, l'archipel contenait à nouveau 1.800 habitants ; mais pendant les guerres de la Révolution, le 15 mai 1793, une flotille, commandée par l'amiral King, faisait retomber, encore une fois, Saint-Pierre aux mains des Anglais. Les habitants se réfugièrent à l'île Madame, à l'île de la Madeleine et en Nouvelle-Ecosse, jusqu'aux traités de 1815, qui nous reconnurent, cette fois, d'une façon définitive, Saint-Pierre et Miquelon. Nos droits antérieurs dans les eaux territoriales du « French shore », ainsi que dans le golfe du Saint-Laurent nous étaient rendus. Les Saint-Pierrais furent rapatriés dans leurs îles ; le bourg de Miquelon fut fondé, et dans la colonie, dont la prospérité reprit rapidement, la population alla sans cesse en s'accroissant jusqu'en 1905, époque à laquelle son maximum (6.500) fut atteint.

En 1904, par une convention signée à Londres, le 8 avril, la France a renoncé, sous certaines conditions, au privilège établi à son profit, par le traité d'Utrecht, et par les actes subséquents, et nous conservons simplement pour nos ressortissants sur le pied d'égalité avec les Anglais les droits de pêche dans les eaux territoriales du « French shore ».

DESCRIPTION SOMMAIRE

Les îles Saint-Pierre et Miquelon, situées dans l'Océan Atlantique par 58°30 de longitude ouest et 47° de latitude nord, à 5 ou 6 lieues seulement de la côte méridionale de Terre-Neuve, forment, avec quelques îlots avoisinant Saint-Pierre, un petit archipel, dont la superficie totale n'est que de 23.500 hectares.

On évalue approximativement leur distance du port de Brest à 3.700 kilomètres.

L'île de Saint-Pierre, longue de 7 kilomètres, large de 6 environ, a une forme très irrégulière ; haute (204 mètres) et escarpée depuis le Cap de l'Aigle jusqu'à la Pointe du Savoyard, elle s'infléchit au contraire vers la partie des terres que domine le phare de Galantry. Une série d'éminences limitent de petits vallons, revêtus de mousse et de lichens qui donnent à la flore de ce pays un faciès jaunâtre et malingre. Par endroits, des massifs d'aulnes et de sapins rachitiques représentent toute la végétation arborescente de l'île.

Dans les petits vallons formés des dépressions des collines, il existe de nombreux étangs, dont l'un, celui du Savoyard, communique avec la mer et a une superficie de 44 hectares.

Six îlots dépendent de Saint-Pierre : le Grand Colombier, le Petit Colombier, situés au nord-est de l'île ; l'île aux Chiens, l'île aux Vainqueurs, l'île aux Pigeons et l'île Massacre.

L'île aux Chiens est le plus considérable de tous ces îlots, qui, avec les nombreux rochers dispersés çà et là autour de Saint-Pierre, témoignent de la grande inégalité du fond de la mer.

L'île de Miquelon, séparée de Saint-Pierre par un détroit d'une lieue de largeur, appelé improprement « la baie », est plus étendue : (36 kilomètres dans sa plus grande longueur et 13 kilomètres dans sa plus grande largeur). Miquelon se divise en deux parties : la Grande Miquelon et la Petite Miquelon, cette dernière appelée plus communément Langlade. Ces deux parties sont soudées l'une à l'autre par une dune de sable de 9 à 10 kilomètres de long, très étroite dans sa partie moyenne et s'élargissant à ses extrémités. Cette langue de sable a été le théâtre de nombreux naufrages ; les coques des navires qu'on y voit enfouies à moitié dans le sable en sont les lugubres témoins. Toutefois, « ce cimetière de navires » perd heureusement sa réputation depuis l'érection, en 1882, d'un phare qui éclaire cette côte dangereuse.

GEOLOGIE

Les îles de Saint-Pierre et Miquelon sont presque exclusivement composées de porphyres pétrosiliceux, à pâte d'un brun violâtre ou d'un rouge vineux, dont les fissures sont remplies par des injections de quartz.

Quant aux blocs erratiques que l'on rencontre sur certains points du rivage, entre la ligne des hautes et basses eaux, il est plus que probable qu'ils ont été apportés par des glaces flottantes.

L'île de Miquelon renferme un peu de minerai de fer.

En 1874-1875, on y a trouvé aussi des minerais de terre de Sienne.

Au cap Miquelon on découvrit, en 1867, des pyrites de fer et de cuivre.

Enfin Langlade possède des schistes ardoisiens.

METEOROLOGIE

CLIMAT

Les îles de Saint-Pierre et Miquelon, placées dans la zone froide, ont un climat très dur, d'une moyenne de 5° au-dessous de zéro. L'été est sans chaleur : c'est l'été d'Arkangel; l'hiver est plus long que rigoureux : c'est l'hiver du sud de la Suède. Les températures basses varient entre 14° et 16° et atteignent parfois 22° contigrades au-dessous de zéro.

NEIGES. — BRUMES. —GLACES. — VENTS

C'est dans la dernière moitié du mois de décembre que la neige commence à couvrir la terre d'une manière presque permanente. Janvier et février sont les mois pendant lesquels elle tombe avec le plus d'abondance. Souvent elle ne disparaît complètement qu'en avril. Parfois, le vent, sec et violent, tamise la neige déjà tombée en la réduisant en poussière impalpable. Il la projette des hauteurs dans la plaine, l'amoncelle dans un endroit pour la disperser ensuite : c'est le « poudrin ». Cette fine poussière de neige pénètre partout, par la moindre fissure, jusque dans l'intérieur des appartements, elle empêche de voir et de respirer, et, s'infiltrant jusque dans les vêtements, elle rend « les jours de poudrin » les plus pénibles de l'hiver.

Il est peu de pays d'ailleurs où les vents soient plus changeants que dans les parages de Terre-Neuve et de Saint-Pierre et Miquelon. Cependant, les vents d'ouest dominent et soufflent à eux seuls autant que les autres ensemble.

Lorsque les vents viennent du sud-est au sud-ouest, la brume est à peu près certaine; s'il y a une petite brise, on peut rester une semaine enveloppé d'un brouillard épais; si le vent est fort, la brume ne persiste pas. Les mois de juin et juillet sont les plus brumeux : les brumes durent alors des semaines entières, pendant lesquelles on ne voit, qu'à de rares intervalles, des échappées de ciel. En août et septembre, cet état brumeux est moins habituel : ce sont les plus beaux mois de l'année. Une fois ces mois passés, aux brumes succèdent les frimas.

Il arrive qu'en février et mars, les îles de Saint-Pierre et Miquelon soient enfermées dans une ceinture de glaces, qui, parfois, devient une barrière infranchissable pour les navires. Quand la rade de Saint-Pierre se prend, il se forme, entre Saint-Pierre et l'île aux Chiens, une croûte glacée assez résistante pour permettre le passage à pied.

Au cours de l'hiver 1922-1923, à partir de février, la mer elle-même fut entièrement gelée autour de Saint-Pierre, et, en mai, les glaces couvraient encore une centaine de milles dans cette partie de l'Atlantique du Nord. Des navires, des paquebots, des chalutiers et des voiliers restèrent parfois plusieurs semaines dans les glaces, sans pouvoir être ravitaillés. Un certain nombre d'entre eux furent même broyés par les glaces et sombrèrent.

Il faut avoir passé un hiver à Saint-Pierre pour se rendre compte de l'endurance de la population saint-pierraise sous un climat aussi pénible, car les beaux jours sont assez rares entre les intempéries de l'hiver et la violence des tempêtes du printemps. Et pourtant, il faut le reconnaître, ce climat est très sain : il convient fort bien aux personnes d'une constitution robuste, et il n'est mal supporté que par les tempéraments anémiés et délicats.

Aucune maladie n'est spéciale au pays, et le chiffre de la mortalité est moins élevé qu'en France.

POPULATION

La physionomie ethnique des îles de Saint-Pierre et Miquelon, présente une particularité, unique parmi toutes nos colonies : il n'y existe, pour ainsi dire, ni autochtones, ni indigènes. Les descendants d'Acadiens sont très rares, et la population actuelle est composée de familles issues de parents venus de Bretagne, de Normandie et des pays basques. C'est un coin de terre française au milieu de l'Atlantique.

Au recensement de 1921, la population de la colonie était de 3.918 habitants, en diminution de 291 sur le chiffre de 1911.

ADMINISTRATION

DIVISION ADMINISTRATIVE

Aux termes d'un décret du 21 juillet 1921, le commandement général et la haute administration aux îles Saint-Pierre et Miquelon sont confiés à un fonctionnaire du cadre des gouverneurs des colonies. Un chef du service judiciaire et un chef du service de l'Inscription maritime dirigent, sous l'autorité du

Gouverneur, les administrations de la Justice et de la Marine.

Les attributions précédemment dévolues au directeur de l'Intérieur sont exercées par le Gouverneur, qui est assisté d'un Conseil d'administration consultatif.

Cette assemblée est présidée par le Gouverneur et est composée du Chef du service judiciaire, du Chef du service de l'Inscription maritime, du Trésorier-Payeur, du Chef du Service des Douanes, des Maires de Saint-Pierre, l'Ile-aux-Chiens, Miquelon et du Président de la Chambre de Commerce.

Les attributions de la juridiction administrative, déterminées par le chapitre 3, section 2, de l'ordonnance organique du 18 septembre 1884, et par le décret du 5 août 1881, sont dévolues à un Conseil du Contentieux administratif, dont la composition a été fixée par un décret du 4 octobre 1906, promulgué dans la colonie le 7 décembre suivant.

DIVISION POLITIQUE

Il n'y a dans la colonie ni élection législative, ni élection sénatoriale; mais le décret du 19 octobre 1883 prescrit l'envoi d'un délégué représentant la colonie au Conseil supérieur des Colonies. Ce délégué est élu pour quatre ans, par des citoyens français âgés de vingt et un ans, jouissant de leurs droits civils et politiques et résidant dans la colonie depuis six mois au moins.

La colonie est divisée en trois communes : Saint-Pierre, Miquelon et l'Ile-aux-Chiens.

DIVISION JUDICIAIRE

Les îles de Saint-Pierre et Miquelon sont divisées en deux cantons de justice de paix, dont les chefs-lieux sont Saint-Pierre et Miquelon. Dans chacun des deux cantons est établi un juge de paix. A Saint-Pierre, le juge de paix est assisté d'un greffier.

Le Tribunal de première instance des îles Saint-Pierre et Miquelon siège à Saint-Pierre.

Il se compose d'un juge-président, qui est en même temps chargé des fonctions de juge d'instruction et de juge de paix du canton de Saint-Pierre.

Le Conseil d'Appel des îles Saint-Pierre et Miquelon a son siège à Saint-Pierre, il se constitue en Tribunal criminel pour le jugement des affaires dans lesquelles le fait, qui est l'objet de la poursuite, est de nature à emporter une peine afflictive et infamante.

La voie de cassation est ouverte à tous les arrêts rendus par le Conseil d'Appel dans les matières criminelles de sa compétence.

COTES

RADE DE SAINT-PIERRE

La Grande-Miquelon et Langlade ne possèdent que des mouillages accidentels suivant les vents, et, dans toute la colonie, il n'y a que Saint-Pierre dont la rade puisse abriter les grands navires venant d'Europe et d'Amérique. Cette rade, longue de plus d'un mille, protégée des vents du large par l'Ile-aux-Chiens, offre, le long de la côte, un mouillage relativement sûr par 12 à 20 mètres d'eau. Le port de Saint-Pierre, dit le « Barachois », s'ouvre au fond de cette rade, entre « la Pointe-aux-Canons » et un petit îlot appelé l'Ile-au-Moules, qu'une jetée rattache à la terre. De grands travaux ont été déjà exécutés pour l'amélioration du « Barachois », mais celui-ci n'a encore, à l'heure actuelle, que 3 m. 50 à 4 mètres à mer basse.

Divers ouvrages ont été établis pour assurer la sécurité de la navigation, car aux écueils du littoral vient trop souvent s'adjoindre la brume, qui, dans ces mers fréquemment battues par la tempête, est une ennemie terrible pour les pêcheurs.

L'île de Saint-Pierre est éclairée par le phare de Galantry, dont les feux sont les plus brillants de toutes les côtes de Terre-Neuve.

Au pied de ce phare est installé un sifflet de brume.

L'île de Miquelon a aussi ses côtes éclairées par deux phares, dont l'un, de premier ordre, sur la Pointe-Plate de Langlade, et l'autre, à l'extrémité nord-ouest de la Grande-Miquelon, au Cap Blanc. Un sifflet de brume est également installé à la Pointe-Plate. On a encore disposé quelques feux de port, et un certain nombre de bouées destinées tant à baliser le chenal du port qu'à signaler les hauts fonds les plus dangerux des côtes des deux îles.

Mais si les installations actuelles sont, dans leur ensemble, en rapport avec les besoins de l'industrie de la pêche tels qu'on les concevait

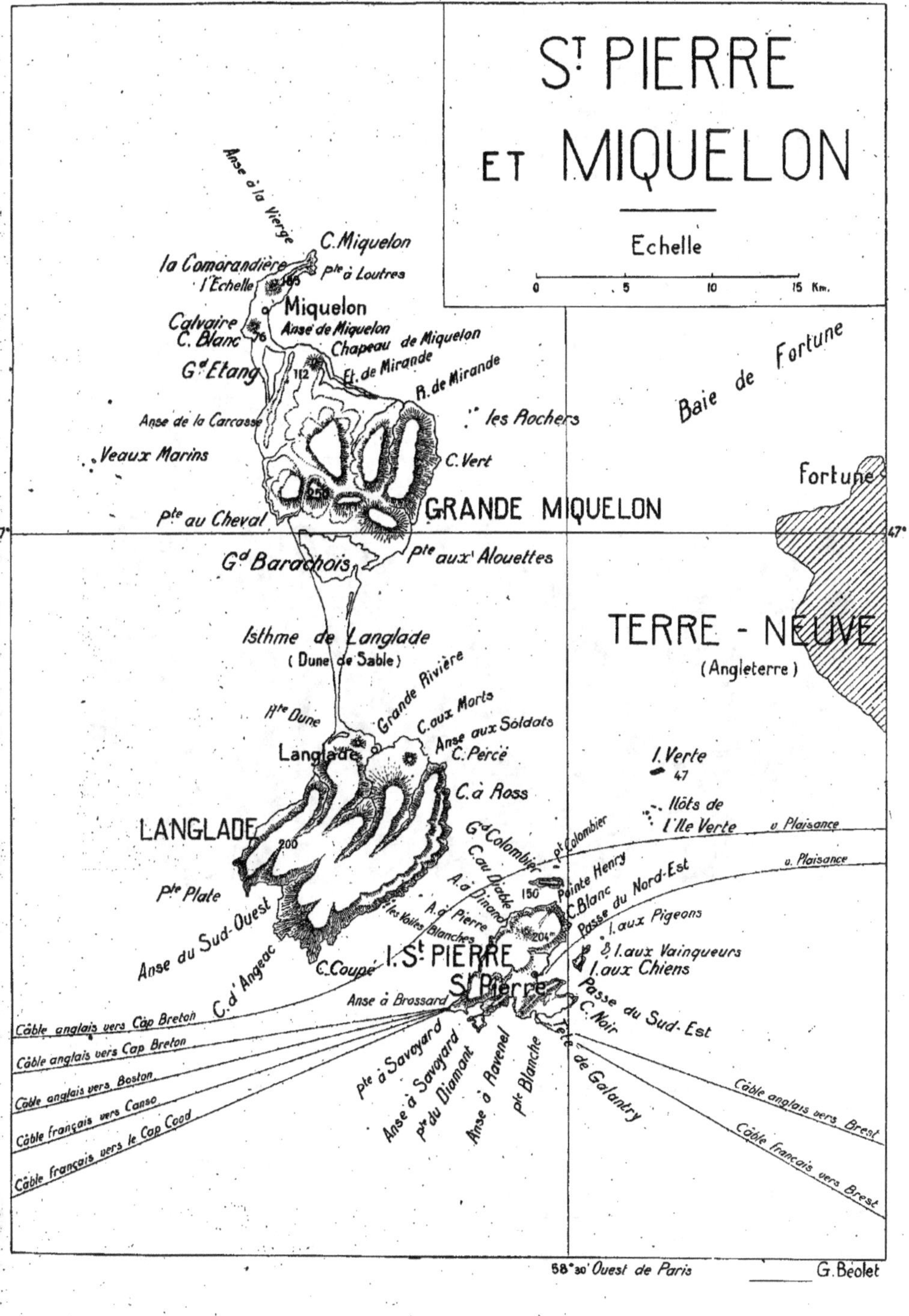
St PIERRE
ET MIQUELON
Echelle
0   5   10   15 Km.
Anse à la Vierge
C. Miquelon
la Comorandière
l'Echelle
Pte à Loutres
Miquelon
Calvaire
C. Blanc
Anse de Miquelon
Chapeau de Miquelon
Gd Etang
Et. de Mirande
R. de Mirande
Anse de la Carcasse
les Rochers
Veaux Marins
C. Vert
Pte au Cheval
GRANDE MIQUELON
Baie de Fortune
Fortune
Gd Barachois
Pte aux Alouettes
Isthme de Langlade
(Dune de Sable)
TERRE - NEUVE
(Angleterre)
Hte Dune
Grande Rivière
C. aux Morts
Anse aux Soldats
Langlade
C. Percé
I. Verte
C. à Ross
Ilôts de
l'Ile Verte
v. Plaisance
LANGLADE
Gd Colombier
Pte Colombier
v. Plaisance
C. au Diable
Pointe Henry
Passe du Nord-Est
A. à Dinard
C. Blanc
Pte Plate
A. à Pierre
150
I. aux Pigeons
les Voiles Blanches
I. aux Vainqueurs
Anse du Sud-Ouest
I. St PIERRE
I. aux Chiens
C. Coupé
C. d'Angeac
St-Pierre
C. Noir
Passe du Sud-Est
Anse à Brossard
Câble anglais vers Cap Breton
Câble anglais vers Cap Breton
Câble anglais vers Boston
pte à Savoyard
Anse à Savoyard
pte du Diamant
Anse à Ravenel
pte Blanche
Tête de Galantry
Câble anglais vers Brest
Câble français vers Canso
Câble français vers le Cap Cood
Câble français vers Brest
58°30' Ouest de Paris
G. Beolet

il y a une dizaine d'années, c'est-à-dire si elles suffisent pour les différentes opérations des navires de pêche en même temps qu'elles assu.ent le ravitaillement des deux ou trois cents voiliers ou chalutiers venant de la métropole, elles ne répondent plus aux idées qui

représentants du ministère des Colonies et de la Marine marchande a établi une liste des travaux nécessaires pour assurer le complet développement de la colonie, ainsi que leur ordre d'urgence.

Plus récemment encore, un programme

Vue générale de Saint-Pierre.

ont cours aujourd'hui sur l'organisation et l'exploitation des grands ports de pêche et au développement de la pêche à vapeur. Aussi le port de Saint-Pierre se trouve-t-il compris dans le programme général d'organisation de la pêche, élaboré par le sous-secrétariat de la Marine marchande, dans les conditions prévues par la loi du 19 juin 1920 « portant autorisation d'engagement d'une dépense de deux cents millions pour le développement de la flotte de pêche et l'organisation de la pêche maritime ». Une commission mixte composée des

moins ambitieux et de réalisation plus facile a été dressé au moment où M. Albert Sarraut a déposé, en juin 1921, son remarquable « projet de loi de mise en valeur de nos colonies ».

VILLE DE SAINT-PIERRE

Au nord du Barachois, ramassée sur un étroit espace entre le littoral et la ligne des collines ou « Mornes » qui la surplombent, s'étend la ville de Saint-Pierre, qui est le siège du gouvernement. Ce gros bourg comprend environ 1.200 maisons et a une population fixe de plus de 2.900 habitants.

Le quartier commerçant a des rues larges, mais non pavées, et les maisons, construites en un réseau téléphonique et d'importantes canalisations d'eau. Un poste important de T. S. F. vient d'y être installé; il est appelé à rendre de grands services.

En hiver, l'aspect de la ville est celui d'un gros tas de neige, sous lequel disparaissent les

Un coin de Saint-Pierre.

bois du Canada, y sont plus confortables que ne le laisserait supposer leur aspect; mais dans les quartiers de pêcheurs de morues, on trouve de bien pauvres cases, dénuées de tout confort. Saint-Pierre a l'éclairage électrique, rues; on est parfois obligé de creuser des tranchées profondes pour circuler et pénétrer dans les maisons. Quand vient le printemps, la neige fond rapidement et la vie reprend avec activité.

CHAPITRE II

Cultures - Industrie - Pêche

CULTURES

CULTURES ET PRODUITS NATURELS

Les ressources agricoles de la colonie sont à peu près inexistantes. L'île de Saint-Pierre n'est, pour ainsi dire, qu'un rocher dépourvu de terre végétale. En dehors de Saint-Pierre, et à part quelques fermes disséminées sur toute l'étendue de l'île, le sol est en friche. C'est avec une grande peine que les habitants arrivent à cultiver dans de petits jardins potagers, situés autour de leur maison, quelques légumes qui deviennent assez beaux et de rares fruits qui, du reste, n'arrivent pas à maturité complète. C'est l'humidité de l'air qui empêche les plantes de transpirer; par suite des brouillards opaques, elles manquent également de lumière. Dans ces conditions, à Saint-Pierre comme à Miquelon, on ne trouve que des bouleaux nains, des genévriers lilliputiens, « arasés par le vent de mer à une hauteur de soixante centimètres, constituant un feuillage si serré que le seul moyen de les franchir consiste à se promener sur leurs cimes, comme sur un tapis élastique qui rebondit sous les pieds ».

A Saint-Pierre, à Miquelon, à Langlade, les fermes qui existent s'occupent, en même temps que de l'élevage des bœufs et des moutons, de cultures vivrières; mais leurs produits ne sont qu'un médiocre appoint dans le ravitaillement de la colonie, qui doit importer tout ce qui est nécessaire à la vie de ses habitants et à l'approvisionnemnt des navires fréquentant le port de Saint-Pierre.

PECHE

LES BANCS DE MORUE

On a souvent appelé les îles de Saint-Pierre et Miquelon « un lieu de pêche »; cette qualification est tout à fait exacte : notre colonie est même un des lieux de pêche le plus merveilleux du monde. Très rapprochées du Banc de Saint-Pierre et du Banquereau, et situées à peine à quarante-huit heures du grand Banc de Terre-Neuve, les îles de Saint-Pierre et Miquelon forment ainsi un centre précieux de concentration d'où le cercle d'action de la colonie peut s'étendre partout où la morue se trouve en abondance.

La pêche à la morue constitue l'unique richesse de la colonie.

Les Bancs sont ces immenses alluvions qui, suivant l'hypothèse la plus généralement admise, ont été formées par suite des apports qui, depuis des milliers d'années, sont résultés de la rencontre du Gulf Stream avec le courant polaire. C'est sur ces plateaux sous-marins que la morue a établi son domaine presque exclusif, car, à part les flétans, les raies, les crapauds, les chats de mer (hideux poissons que l'on rejette aussitôt décrochés) et quelques homards, c'est toujours la morue seule que les pêcheurs viennent chercher.

Le Banc de Saint-Pierre, situé à 40 milles au Sud-Ouest de l'île, est assez fréquenté pendant que la morue « donne». Les pêches y sont souvent très fructueuses. Le Banquereau est plus éloigné, il est fréquenté par des goëlettes américaines et des navires français. La morue qu'on y pêche est abondante, mais petite. C'est sur le Grand Banc qu'on trouve la belle morue (4 kilos en moyenne, certains de ces poissons pèsent plus de 15 kilos). On y pêche aussi d'énormes flétans.

Malgré les effroyables hécatombes faites chaque année par la campagne de pêche, la morue ne diminue ni en nombre, ni en grosseur. Elle se sauve par sa prodigieuse fécon-

ARMEMENT MÉTROPOLITAIN

Les expéditions de pêches effectuées des *ports* de la métropole peuvent se faire sous trois formes d'armements différents : armement pour le Grand Banc de Terre Neuve, avec sécherie aux îles Saint-Pierre et Miquelon, armement pour les îles Saint-Pierre et Miquelon, ou enfin armement pour le Grand Banc de Terre-Neuve sans sécherie.

Les voiliers ont un équipage qui varie avec le nombre de « doris » qu'ils peuvent embarquer. Les « doris » sont des embarcations

Trois-mâts mouillé sur le Banc avec ses doris.

dité : on a compté, dans le ventre des femelles, plus de neuf millions d'œufs.

La pêche à la morue, qui commence vers le milieu d'avril et se termine vers la fin d'octobre, est pratiquée sur les Bancs par des voiliers et des chalutiers armés dans différents ports de France : c'est la « grande pêche ».

Sur les côtes de la colonie, elle est pratiquée par des petites embarcations dites *warys*, armées à Saint-Pierre ou Miquelon : c'est la pêche côtière, ou « petite pêche ».

La campagne de pêche peut se décomposer en trois périodes : l'armement, la pêche proprement dite, et le désarmement.

légères à fond plat, tenant admirablement la mer. Elles s'encadrent les unes dans les autres et sont chargées sur le pont.

Quand les navires sont sur les bancs, le soir, deux hommes s'embarquent dans ces doris, et vont à plusieurs milles tendre des lignes de fond. Le lendemain, chaque doris va relever ses lignes et apporte sa pêche au navire au mouillage.

Les chalutiers ont l'équipage nécessaire à la manœuvre du chalut.

Les navires armés avec sécherie livrent la morue à l' « habitation » pour y être lavée et séchée. Les « habitations », organisées par les maisons qui entreprennent les armements avec sécherie aux îles Saint-Pierre et Miquelon, se trouvent sur le pourtour du « Barachois » ; elles comprennent, en outre, une série de magasins, de vastes emplacements défrichés, où un assemblage de pierres artificiellement disposées constitue la « grave ». C'est sur les « graves » que la morue est disposée par les « graviers » pour y sécher.

quelques années, toutes pourvues d'un moteur. Cette transformation de l'embarcation nécessite des frais d'armement assez élevés auxquels le pêcheur n'avait pas, autrefois, à faire face. Les dépenses de combustible (essence), de graisse, de piles, de magnétos, également celles d'entretien du moteur lui-même qui exige de fréquentes réparations, grèvent lourdement l'armement local. Mais ces frais sont compensés

Le tranchage de la morue.

ARMEMENT LOCAL

La « goélette » était autrefois l'expression de l'armement local ; jaugeant généralement moins de 90 tonneaux, elle était toujours armée avec sécherie et contenait six doris, avec seize hommes d'équipage. Mais cet armement, qui devenait de plus en plus rare avant 1914, a presque disparu avec la guerre.

Les petits pêcheurs Saint-Pierrais se servent de petits canots à fond plat, jaugeant de deux à trois tonnes, dénommés « warys ». Ces embarcations, non pontées, qui se dirigeaient autrefois à la voile ou à l'aviron, sont, depuis

par des facilités plus grandes données au pêcheur pour l'exercice de son industrie : sortie en pêche par des temps très gros, déplacement plus facile sur les lieux de pêche et sans fatigue pour l'équipage, et, par suite, accroissement du produit de la pêche. Le wary a un équipage de deux et parfois de trois hommes. Le nombre des warys armés à la pêche côtière a été, en 1921, de 298.

LA PÊCHE

Les procédés généraux de pêche employés sur les bancs sont à peu près les mêmes pour la Grande Pêche et la Petite Pêche : Les engins sont le chalut et les lignes.

Pour la Grande Pêche, on emploie les lignes de fond, ces lignes n'ont pas moins de 2.400 mètres et sont armées de 2.000 hameçons auxquels sont fixés des appâts.

La Petite Pêche fait plutôt usage de la ligne à main. Toutefois lorsque la morue gavée ne mord plus, les petits pêcheurs emploient un autre système de pêche appelé : « la faux », qui est des plus curieux et des plus intéressants.

L'engin employé est un poisson en plomb terminé par deux crochets en forme d'hameçon et suspendu à une corde. On imprime à ce pendule un mouvement de va-et-vient qui rappelle celui de la faux. Le poisson au métal brillant s'enfonce dans l'eau, traverse le monde des morues dans lequel il fait son éclaircie, et en remonte avec sa proie.

Pour faucher, il est indispensable que le bâtiment conserve toujours une petite vitesse. Le mouvement de la faux est incessant, et, quand il se produit dans quinze ou vingt brasses d'eau, on comprend qu'il soit extrêmement fatigant.

Les lignes de fond, de même que les lignes à main, sont amorcées avec des appâts ou « boëttes », que l'on trouve dans les parages même des bancs.

La morue est d'une voracité extraordinaire ; mais son goût est capricieux ; il lui faut des appâts différents selon les périodes.

En première pêche, d'avril à juin, c'est sur le hareng que la morue concentre son appétit. Toutefois, depuis 1886, à la suite d'une loi votée par le Parlement de Saint-Jean, dite le « Bait-act » et qui interdisait l'exportation de Terre-Neuve de toute « boëtte » nécessaire à la morue, des essais fructueux de pêche ont été faits par des pêcheurs français à l'aide d'une nouvelle boëtte appelée « bulot », sorte de bigorneau de forte taille qui gît en abondance sur les fonds même où se pêche la morue.

La deuxième pêche (de juin à juillet) se fait avec le capelan, petit poisson à dos noir. A partir du 15 juin, à l'époque de la frai, la mer pousse sur le rivage une telle quantité de capelans que parfois elle en perd sa teinte verte pour prendre une couleur laiteuse. Avec une épuisette ou une seine, les marins n'ont donc pas beaucoup de peine pour recueillir leur boëtte !

La troisième pêche (de juin à septembre) se fait avec l' « encornet », petit mollusque du genre pieuvre, qui se laisse prendre à la « turlutte » suspendue à une ligne à main.

La pêche côtière, depuis la guerre, nourrit difficilement les pêcheurs locaux, et il importe de faire leur éducation, en les amenant à substituer à la ligne à main des engins beaucoup plus perfectionnés tels que trappes, filets maillants, seines et chaluts.

Malheureusement, la généralisation de ces engins se heurte, chez presque tous ces petits pêcheurs, à l'impossibilité pour eux d'acheter un matériel très onéreux.

PRÉPARATION DE LA MORUE

A bord des voiliers, ou des chalutiers, la préparation de la morue est la même.

Pour les voiliers, dès que le doris a rallié le bord « avec la marée faite », les hommes jettent leur pêche sur le pont, sous l'œil du patron qui marque sur un carnet ce qu'a rapporté chaque doris. La morue ne doit pas attendre pour être préparée et doit, tout de suite, être mise en état de salaison.

Un étal est installé sur le pont du bateau. Les morues passent de mains en mains. Elles sont d'abord « piquées », c'est-à-dire éventrées jusqu'au nombril, puis on leur arrache la tête. Les détritus sont jetés à la mer; on ne garde que les foies et les rogues. C'est alors que la morue est livrée au « trancheur ». Ce marin fend, avec une grande habileté, la morue d'un seul coup jusqu'à la queue, puis ramenant son couteau prestement dans la partie correspondant à la cavité abdominale, il enlève la moitié de l'arête médiane. A l'endroit de la section de cette arête se projette un flot de sang que le mousse « énoctera » avec une cuiller en fer. Entièrement débarrassée de son sang, la morue est ensuite lavée dans une demi-barrique remplie d'eau et jetée au « saleur » dans la cale. Celui-ci étend la morue, la chair en l'air et répartit le sel de façon à en mettre davantage sous les parties charnues. La morue, une fois salée, est arrimée; elle est alors ce qu'on appelle « la morue verte », ou « la morue au vert ».

La morue pêchée par les warys est préparée à terre dans des conditions sensiblement pareilles. Mais au lieu d'être salée immédiatement et mise en arrimes, la morue est placée pendant quarante-huit heures dans des récipients contenant de la saumure. Au bout de ce laps de temps, elle est retirée, salée et arrimée dans les saleries.

La morue verte provenant ainsi des voiliers, des chalutiers et des warys, doit encore subir l'opération du séchage : cette opération se fait soit en France, soit dans la colonie.

A Saint-Pierre et Miquelon, le séchage se faisait autrefois uniquement par exposition de la morue sur les graves. Le poisson était d'abord lavé, débarrassé de son sel, puis exposé à l'air. Mais cette façon de procéder était fort lente, car le soleil est peu ardent dans la colonie. C'est pourquoi les maisons d'armement ont recherché un mode de séchage artificiel pouvant être employé en toute saison; elles ont maintenant des séchoirs dans lesquels se prépare « la morue sèche », dont l'exportation est faite directement de Saint-Pierre sur les centres de consommation : Amérique et Antilles.

Cette industrie du séchage sur place doit être encouragée, car elle a le double avantage de fournir à la population de Saint-Pierre un travail suivi pendant les longs mois de l'hiver, et d'éviter aux maisons d'armement les divers frais de transport, de transbordement et de manipulation que nécessite l'expédition de la morue verte en France, où elle est séchée pour être ensuite exportée.

Tous les produits de la pêche à la morue, et surtout de la morue au vert, sont transportés de Saint-Pierre en France par des voiliers désignés sous le nom de « longs courriers » ou « chasseurs ». Ce transport se fait aussi depuis quelques années par des vapeurs.

Les longs-courriers sont des navires rapides et de grande marche qui doivent rapporter, le plus vite possible, aux armateurs, le produit de leur campagne, qui fera prime sur le marché. La rapidité du transport évite aussi que la morue ne s'échauffe et rougisse. Après avoir déchargé leur cargaison, ces navires reviennent à Saint-Pierre et rapportent les quantités considérables de sel nécessaire au salage de la morue. C'est de Cadix et de Lisbonne que provient ce sel. Les sels égrugés de Bouc sont également employés, mais moins appréciés que les précédents.

HUILES ET ISSUES

Nous avons vu qu'au moment du « piquage » des morues, les foies et les rogues étaient soigneusement conservés. Les foies, qui produisent l'huile, sont mis à part dans des barriques amarrées debout à l'arrière de chaque navire, ce sont les « foissières ». On y jette les foies qui se putréfient et qui, en se décomposant, forment une partie sanguine et une partie huileuse, celle-ci monte à la surface, tandis que le sanguin reste au-dessous. L'huile est destinée à l'usage des tanneries, et ce n'est qu'après filtration que le commerce de la droguerie la livre quelquefois sous le nom d'huile noire. C'est à terre que l'on fabrique les huiles médicinales; l'huile brune ou blonde s'obtient, comme la noire, en entassant les foies dans des caisses rectangulaires divisées par une cloison perméable, mais on apporte plus de soin à sa préparation, en la soutirant souvent, en enlevant fréquemment le sanguin et les draches. L'huile blanche se fabrique tout aussi facilement, il suffit de la chaleur du bain-marie pour briser les cellules et faire sortir l'huile, qui est alors d'une belle couleur ambrée. Mais on ne peut consacrer à cette fabrication que les foies des morues pêchées le jour même, et, jusqu'à présent, les foies des morues de la pêche locale sont seuls utilisés. En dehors des préparations faites par les pêcheurs eux-mêmes, deux maisons, ayant des installations parfaitement aménagées, se livrent à la fabrication des diverses huiles de foie de morue. Il est avéré, par les nombreuses récompenses obtenues, que l'huile de foie de morue préparée à Saint-Pierre a une supériorité marquée sur les autres produits similaires.

Les rogues (œufs de la morue) s'écoulent très facilement en France où ils sont employés comme appât pour la pêche à la sardine.

Restent les noves et les langues. Les noves sont les membranes qui se recueillent sur la « raquette » de la morue. Les langues comprennent : les langues proprement dites et les adhérences du bas de la mâchoire. Elles sont regardées comme un mets très délicat.

AUTRES POISSONS

Nous avons dit, déjà, que la pêche à la morue était, jusqu'à ce jour, la seule pratiquée par l'armement métropolitain sur les bancs de Terre-Neuve, comme par l'armement local sur les bancs de Saint-Pierre. Toutefois, il est nécessaire de signaler que ce poisson n'est pas le seul dont la capture pourrait donner lieu à des rendements rémunérateurs. Les diverses espèces de poissons, telles que l'églefin (haddock), le flétan, le capelan et le hareng, qui existent en abondance dans les parages de nos îles, n'apportent, certes, à l'heure actuelle, qu'un modeste appoint à l'industrie de la pêche. Mais cet appoint pourra être considérablement augmenté, si les voiliers et les chalutiers métropolitains sont un jour dotés d'installations frigorifiques leur permettant de conserver, pendant leur séjour en mer, le poisson destiné par la suite à être congelé à l'entrepôt frigorifique de Saint-Pierre. Nous reparlerons plus loin de ce frigorifique qui a soulevé à

Saint-Pierre et chez les armateurs métropolitains tant de passion au moment de sa construction en 1919.

L'églefin (haddock) est vulgairement appelé par les pêcheurs « ânon, ou âne » ; il est d'ailleurs considéré comme indésirable, et, lorsque la morue donne, on le rejette à la mer. Et pourtant, si l'églefin est de qualité inférieure lorsqu'il est salé, par contre, lorsqu'il est séché et fumé sous le nom de « haddock », c'est un poisson très apprécié en Amérique et en Angleterre, où ses prix de vente sont parfois plus élevés que celui de la morue. L'emploi du haddock mériterait donc d'être vulgarisé en France, où l'utilisation de ce poisson très abondant servirait aussi bien les intérêts du consommateur que ceux plus particuliers de l'armement et des pêcheurs.

Le *flétan* appartient à la même famille que la sole, le turbot et la limande, mais il atteint parfois une longueur de deux mètres et peut peser jusqu'à deux cents kilos. Il faut, pour le pêcher, avoir des engins spéciaux plus résistants que ceux employés pour la pêche à la morue. La pêche au flétan, qui est à l'heure actuelle pratiquée sur certains points des bancs de Terre-Neuve par des navires américains, pour la consommation de la clientèle des Etats-Unis, pourrait être exercée dans les mêmes conditions pour notre consommation. De chair ferme, grasse et très savoureuse, ce poisson se consomme frais, salé et fumé, et peut également être préparé comme le thon en conserve.

Le *capelan*, nous l'avons vu, est un excellent appât pour la pêche à la morue. Il a en outre une chair très délicate et peut très bien être consommé frais, séché ou fumé. Jusqu'à présent, il n'a été préparé dans la colonie que séché. Les femelles ayant été rejetées, les capelans sont légèrement salés avant d'être lavés et placés sur des claies pour être exposés pendant un jour au soleil. La tête et les entrailles sont ensuite enlevées, puis les poissons sont de nouveau exposés pendant deux ou trois jours au soleil avant d'être mis en barils. L'expédition de ces barils, qui contiennent de six à sept mille poissons, se fait généralement sur les ports de Granville ou de Saint-Malo, où les demandes sont toujours supérieures aux offres. Cette industrie, très rémunératrice, doit être intensifiée.

Le *hareng* est très peu pêché sur les côtes de nos îles, en raison de l'absence de débouchés ; cependant, ce poisson fait son apparition en avril, séjourne pendant un mois environ dans nos eaux, y revient vers la deuxième quinzaine d'août, pour disparaître définitivement fin novembre. Là encore, la pêche du hareng est une industrie à créer, et lorsque l'établissement frigorifique de Saint-Pierre fonctionnera, cette industrie est appelée à prendre de l'essor.

INDUSTRIE

LE FRIGORIFIQUE

Il a fallu la guerre mondiale pour enlever à notre population les derniers préjugés qui excluaient des tables françaises tous les produits frigorifiés. De plus, l'appauvrissement des ressources alimentaires nous a obligés à faire une place de plus en plus grande au poisson dans notre alimentation. Le Gouvernement français (à l'exemple de l'Angleterre, de l'Amérique, du Japon et du Canada, qui déjà possèdent de très nombreux frigorifiques à poisson), s'est efforcé de développer la pêche et d'encourager en France la consommation du poisson congelé, qui, seul, permettra de tirer un meilleur parti de ce qu'on a appelé « le cheptel marin ». C'est dans ce but que le service des pêches de la marine marchande a fait construire à Saint-Pierre un grand frigorifique destiné à congeler le poisson pêché sur les bancs voisins. Le poisson doit être ensuite conservé dans une chambre froide, jusqu'à ce qu'il soit embarqué à bord de cargos frigorifiques, pour être transporté sur les divers centres de consommation. Malheureusement, livré à l'administration locale, le 1er juillet 1920, cet établissement frigorifique n'est pas encore entré en exploitation. Il faut reconnaître, en effet, que conçu et entrepris trop hâtivement en 1918-1919, en pleine guerre, le frigorifique de Saint-Pierre n'a peut-être pas été exécuté dans des conditions parfaites, au point de vue de son utilisation immédiate. On peut lui faire le reproche d'être trop important, et surtout d'avoir été installé avant que soit assurée son exploitation, tant en ce qui concerne les possibilités de son approvisionnement par la pêche locale, que l'organisation d'un service de bateaux frigorifiques construits en nombre suffisant pour assurer l'exportation du poisson congelé.

Mais, si du temps a été perdu, il n'en est pas moins vrai que ce frigorifique existe, et son existence même doit inciter l'administration locale à étudier, sans retard, dans quelles conditions son utilisation peut être assurée. Le jour où le frigorifique de Saint-Pierre fonctionnera, en dehors des grands services qu'il rendra par lui-même, cet établissement fera naître autour de lui une industrie annexe, encore à peine ébauchée dans la colonie : l'utilisation des déchets.

En effet, si les petits poissons, tels que les harengs, les capelans, etc... peuvent être mis en conserve entiers, les grands poissons, tels que l'eglefin, le flétan, etc... doivent être, au préalable, étêtés et vidés. Il en résulte, de même que dans la préparation de la morue, une grande quantité de déchets. Ces déchets, qui représentent pour la morue

dérée comme un sous-produit de la pêche, offrirait à la colonie.

AUTRES INDUSTRIES

Autour de la pêche à la morue gravitent à Saint-Pierre toutes ces industries qui fonctionnent dans les ports de mer : les charpentiers, les calfats, les voiliers, les forgerons, les poulieurs, etc..., sont constamment occupés à

Baraquements des petits pêcheurs Saint-Pierrais.

une moyenne de 35 0/0 du poisson vivant, au lieu d'être jetés à la mer ou cédés aux agriculteurs comme fumier (Terre-Neuve), sont cependant susceptibles d'une meilleure utilisation. Nous avons vu que les foies de morue servent à fabriquer de l'huile ; avec la peau, l'intestin et les os des poissons, on peut fabriquer du guano « fish fertilizer » et, par trituration, de la poudre de poisson ; la vessie et les écailles servent à fabriquer la gélatine, et une tonne de têtes de poissons produit environ 40 litres de colle.

On voit donc quel nouveau champ d'activité l'utilisation des déchets de poissons, consi-

réparer et à entretenir les bâtiments qui ont accès dans la rade ou le Barachois.

L'emboucautage des produits de la pêche a fait naître une nouvelle industrie, celle des tonneliers. Les boucauts, qu'on faisait venir autrefois des Etats-Unis, se fabriquent maintenant sur place.

Il existe déjà une fabrique de colle de poisson et des fabriques d'huile de foie de morue. Or, cette huile fabriquée à Saint-Pierre est d'une pureté incontestable, tandis que, les huiles qu'on vend en France sont souvent additionnées d'huile d'œillette, ce qui permet d'en diminuer le prix.

CHAPITRE III

Communications - Commerce

NAVIGATION

Il n'existait pas de ligne de navigation régulière entre la France et Saint-Pierre-et-Miquelon. Pour aller dans la colonie ou la quitter, il fallait donc passer par le Canada ou par New-York, ce qui était la voie la plus rapide. Une ligne vient d'être organisée qui relie désormais la France, Saint-Pierre et Miquelon et sera prolongée sur le Canada; quatre vapeurs y seront affectés. Le service entre Saint-Pierre et le Canada est, d'autre part, assuré par le vapeur *Pro-Patria* appartenant à la Société « La Morue Française et Sécheries de Fécamp ». Ce vapeur fait le service tous les quatorze jours pour Halifax, du 1er janvier au 30 avril, et pour Sydney, du 1er mai au 31 novembre.

Le prix du fret de Saint-Pierre à Halifax et *vice versa* est environ de 6 dollars 60 le tonneau. Le pied cube de marchandises à l'encombrement se paie 12 cents.

Le service postal entre Saint-Pierre, Langlade et Miquelon est encore effectué par un navire de la Société « La Morue Française » : le *Saint-Pierre*.

TELEGRAPHE

Deux Compagnies de câbles télégraphiques ont une agence à Saint-Pierre, ce sont : la « Compagnie Française des Câbles Télégraphiques » et l'« Anglo-American Company Limited ».

Une station radiotélégraphique de grande portée vient d'être construite à Saint-Pierre en 1922, le premier poste installé sur la tête du Galantry ayant été détruit par un incendie en 1920. Le poste actuel peut couvrir tous les bancs de Terre-Neuve, et se maintenir en communication avec les navires faisant route dans nos parages. Il reçoit régulièrement les émissions des grands ports européens, avec lesquels il est établi en communication unilatérale.

Un petit poste relie aussi Miquelon à Saint-Pierre, et un poste de secours vient d'être installé à la Pointe Plate de Langlade pour établir la communication de cette côte difficile et dangereuse avec les postes de Saint-Pierre et de Miquelon.

Grâce à la T. S. F., les points mal desservis de ces îles, qui vivaient autrefois dans un isolement pénible pendant de longs mois d'hiver, sont maintenant constamment en communication avec le chef-lieu de la colonie, et les navires munis d'appareils radiotélégraphiques ne sont plus abandonnés à leurs propres moyens sur les bancs d'où ils peuvent, en cas de besoin, demander du secours.

STATION DE TERRE-NEUVE ET D'ISLANDE

Deux navires de guerre de la station de Terre-Neuve et d'Islande croisent sur les lieux de pêche, de mai à octobre, pendant la campagne de pêche, sous les ordres d'un capitaine de frégate. Ils ont pour mission de prêter à nos navires pêcheurs l'aide matérielle dont ceux-ci peuvent avoir besoin au cours de leur dure campagne, et de veiller à l'application des règlements de la navigation (sécurité, hygiène, etc...) et de ceux spécialement édictés pour la pêche sur les bancs de Terre-Neuve. Ces deux bâtiments apportent, en outre, aux équipages des secours de ravitaillement et des soins médicaux.

C'est un dur métier que celui de marins pêcheurs de morues, exposés jour et nuit aux caprices de l'Océan. Que de fois, la brume les surprend dans leurs frêles embarcations ! Pendant toute la campagne de pêche, ils ne connaissent d'autre lit que la paille humide

mer, n'envoyait aussi, chaque année, sur les bancs, un navire-hôpital, la *Sainte-Jeanne-d'Arc*. Ce navire visite surtout les voiliers, recueille à bord les malades et les blessés, les dépose, s'il y a lieu, à l'hôpital de Saint-Pierre, où il vient les reprendre après guérison, pour les remettre en mer aux navires qui les lui ont confiés. Un médecin de la marine de l'Etat est détaché à son bord.

Chaque jour, ce navire-hôpital envoie par

La *Sainte-Jeanne-d'Arc*.

de leurs « postes », d'autre nourriture que le lard en conserve, et toujours, toujours la morue ! Leurs vêtements de caoutchouc, sales et mouillés ne les quittent presque jamais. Leurs mains, souvent piquées par les hameçons, déchirées par le frottement des filins, se recouvrent parfois de panaris, d'abcès ou de phlegmons, dont les souffrances sont cruellement avivées par le sel qu'ils manipulent à bord.

Aussi, l'assistance que leur apportent les deux navires de guerre, ne suffirait-elle pas à soulager efficacement nos braves marins, si une Société privée, la *Société des œuvres de*

T. S. F. au poste de Saint-Pierre la liste des marins visités dans la journée. Ces renseignements sont immédiatement câblés à Paris, puis transmis aux ports d'origine des navires. La *Sainte-Jeanne-d'Arc* distribue aussi des médicaments, des vivres et elle apporte surtout des milliers de lettres aux pêcheurs qui lui en remettent autant pour être expédiées en France. Aussi, quand sa blanche silhouette surgit à l'horizon, est-elle acclamée par tous les équipages, comme une fée bienfaisante qui viendrait panser leurs blessures et leur apporter les nouvelles du « pays » : la France.

La Société des œuvres de mer possède, en

outre, à Saint-Pierre, une maison de famille où sont reçus les marins des équipages des navires en relâche dans le port.

COMMERCE

Nous venons de voir que la seule industrie, la seule richesse des îles Saint-Pierre-et-Miquelon, c'est la pêche. Il n'est donc pas étonnant de constater que les exportations de la colonie portent d'une façon presque exclusive sur les produits de la pêche.

Quant aux importations, elles consistent principalement en denrées nécessaires à l'alimentation, en vêtements et tissus de toutes sortes et en articles destinés à l'industrie de la pêche.

Les principaux objets importés de France sont : les viandes salées, les graisses animales (graisse normande et suifs), la margarine, les légumes divers, le sucre raffiné, le tabac, les vins, l'eau-de-vie, le cognac, l'alcool et les liqueurs, le sel de pêche, les cordages, les tissus de toutes sortes, les vêtements et autres articles confectionnés en tissus, le papier et ses applications, les peaux et pelleteries ouvrées, les ancres, câbles et chaînes de fer, et, en général, une grande partie des articles manufacturés.

Les Etats-Unis d'Amérique, le Dominion du Canada et Terre-Neuve importent le bétail, la volaille, de la viande fraîche de boucherie, les viandes salées de porc, (jambon, lard, etc...) et de bœuf, le foin, la farine, le beurre, les pommes de terre, les légumes frais, l'avoine, le maïs, une partie des ouvrages en métaux, le charbon de terre, l'anthracite, les bois de construction et de chauffage, etc...

L'Angleterre fournit aux îles la plus grande partie des hameçons et des ancres, articles qui leur arrivent par la voie des entrepôts de France. (Une seule maison, en effet, fabrique des hameçons de France.)

La Hollande leur envoie du tabac à fumer, des cigares ainsi que du genièvre.

Le commerce à Saint-Pierre — surtout en whisky — a pris en ces dernières années, avec les Anglais et les Américains, une extension considérable, par suite de l'application des lois prohibitives d'alcool aux Etats-Unis. De ce fait, les droits de consommation et régie ont apporté des plus-values importantes au trésor local, qui s'est enrichi d'une façon inespérée. Le budget de la Colonie, pendant de longues années — au temps où les recettes budgétaires reposaient uniquement sur l'industrie de la pêche — s'équilibrait très péniblement et seulement à l'aide de subventions de la Métropole, s'élevant chaque année à plus de 500.000 francs. Or, depuis 1922, ce budget a pu se passer de toute subvention; les exercices 1922 et 1923 laissent même ressortir d'importants excédents de recettes et la caisse de réserve est riche.

Mais ces circonstances exceptionnelles qui favorisent actuellement la colonie, ne lui assurent qu'une fortune factice et passagère, et elles peuvent disparaître brusquement en laissant le budget local avec ses faibles ressources antérieures. Que deviendrait alors la colonie, privée désormais de toute aide financière de la métropole ? La crainte de cette éventualité ne peut qu'imposer à l'administration locale une politique financière des plus prudentes. Il ne faudrait pas disposer, par exemple, d'un seul coup, des réserves faites par la colonie depuis deux ans, et il serait sage de prévoir, dès maintenant, l'insuffisance des recettes qui pourront se produire dans l'avenir. Si l'on veut donner à nos établissements la prospérité véritable, voulue par leur situation, il faut surtout profiter de l'occasion présente pour entreprendre certains travaux indispensables d'amélioration du port de Saint-Pierre, et aider et développer, par tous les moyens, le seul élément stable de la richesse de la colonie : la pêche.

Voici, avec le détail en poids et en valeur des exportations et des importations, quel a été le commerce général de la colonie avec la France, les colonies françaises et l'étranger de 1913 à 1922 :

Importations

	Tonnes	Francs
1913	21.684	4.356.745
1914	25.181	4.262.700
1915	20.333	2.573.838
1916	13.053	3.629.277
1917	13.565	4.076.304
1918	12.285	5.166.652
1919	23.474	24.983.552
1920	46.769	40.846.742
1921	26.761	22.988.803
1922	»	51.664.921

En 1922, on doit signaler 25.774.787 fr. de marchandises réexportées.

Exportations

	Tonnes	Francs
1913	15.093	6.201.798
1914	16.979	6.310.052
1915	19.285	8.918.916
1916	8.012	2.926.909
1917	4.762	2.711.650
1918	6.937	6.711.299
1919	16.031	18.515.231
1920	24.342	28.047.100
1921	16.589	19.690.756
1922	»	19.275.734

Commerce général

	Tonnes	Francs
1913	36.777	10.558.543
1914	42.160	10.572.752
1915	39.618	11.492.746
1916	21.065	6.556.186
1917	13.827	6.787.954
1918	19.222	11.877.951
1919	39.505	43.498.783
1920	71.111	68.993.842
1921	43.350	42.679.559
1922	»	71.040.655

En ce qui concerne, plus spécialement, les exportations des produits de la pêche, les tableaux suivants montreront quelles ont été, de 1913 à 1922, les quantités de morues vertes et sèches, les quantités d'huiles, rogues, et issues de morues, exportées de la colonie en France, aux Antilles Françaises et au Canada :

Morues

Années	Nature du produit	France Kilogs	Antilles Kilogs	Canada Kilogs
1913	verte	975.904	»	»
—	sèche	72.167	456.073	70.850
1914	verte	9.777.513	»	»
—	sèche	18,659	727.726	467.860
1915	verte	4.125.968	»	»
—	sèche	337.490	367.213	»
1916	verte	3.178.902	»	»
—	sèche	48.909	366.952	130.150
1917	verte	2.205.039	»	»
—	sèche	6.549	354.993	169.250
1918	verte	5.146.206	»	»
—	sèche	703	375.392	»
1919	verte	17.250.212	»	»
—	sèche	538	247.500	27.300
1920	verte	20.109.468	»	»
—	sèche	1.057	314.757	171.630
1921	verte	14.936,920	»	»
—	sèche	3.175	338.302	46.000
1922	verte	15.693.053	»	»
—	sèche	33.147	547.981	134.400

Huiles, rogues et issues de morues

Années	Huiles (Kilogs)	Rogues	Issues
1913	69.351	102.601	42.818
1914	2.292	82.074	18.606
1915	112.721	26.897	22.809
1916	116.165	33.400	12.056
1917	75.543	12.980	4.693
1918	131.078	43.286	10.529
1919	136.557	38.010	18.204
1920	143.445	42.522	31.454
1921	55.310	49.515	27.446
1922	85.311	»	»

Les autres poissons exportés sont, ainsi que nous l'avons vu plus haut, les harengs, les capelans et les flétans.

Années	Harengs	Capelans (Kilogs)	Flétans
1913	60	172.682	14.813
1914	»	93.752	12.555
1915	»	106.991	24.730
1916	9.500	94.045	4.287
1917	6.240	88.328	1.525
1918	184	63.402	3.139
1919	320	66.193	7.177
1920	134	92,237	11.328
1921	330	87.234	2.799
1922	100	Autres poissons	73.363

Navigation

Nombre et tonnage des navires ayant fréquenté le port de Saint-Pierre de 1913 à 1922 :

Années		Voiliers vapeurs Français		Voiliers vapeurs Etrangers	
1913...	nombre	60	27	862	28
—	tonnage	8.353	25.319	46.396	16.788
1914...	nombre	78	62	867	5
—	tonnage	10.715	29.596	49.091	3.143
1915	nombre	54	52	908	21
—	tonnage	46.809	23.950	50.651	4.714
1916...	nombre	24	50	951	18
—	tonnage	4.177	25.073	55.056	12.236
1917...	nombre	14	62	1.102	9
—	tonnage	1.933	28.943	57.920	3.750
1918...	nombre	51	62	871	10
—	tonnage	8.926	29.394	4.929	2.991
1919...	nombre	38	68	340	5
—	tonnage	5.812	30.370	15.440	1.691
1920...	nombre	61	34	901	43
—	tonnage	10.833	5.730	47.737	10.600
1921...	nombre	62	44	749	35
—	tonnage	9.230	12.775	33.734	7.059
1922...	nombre	121	122	1.686	134
—	tonnage	20.657	28.198	79.722	26.426

AVENIR DE LA COLONIE

L'Administration de nos établissements de Saint-Pierre-et-Miquelon avait toujours été confiée à un gouverneur, jusqu'au moment où un décret du 4 février 1906 avait donné le commandement général et la haute administration aux îles Saint-Pierre-et-Miquelon à un fonctionnaire, prenant le titre d'administrateur. Cette mesure avait été dictée au Gouvernement métropolitain par la crise financière consécutive à une crise économique que traversait la colonie depuis 1902 ; il avait paru indispensable de comprimer au maximum les dépenses, et la présence d'un gouverneur avait cessé d'être considérée comme nécessaire pour administrer des établissements appauvris financièrement et dont la gestion ne réclamait pas des rouages administratifs compliqués et dispendieux. Mais cette suppression du gouverneur et son remplacement par un administrateur, ne constituait évidemment qu'une me-sure provisoire, et le retour à l'ancien état de choses devait s'imposer dès que les circons-tances le permettraient. Laisser, en effet, nos établissements de Saint-Pierre-et-Miquelon dans cette situation administrative diminuée, aurait été implicitement admettre que le Gou-vernement de la République ne leur reconnais-sait pas l'importance qu'ils possèdent en réa-lité à tous égards.

Tout d'abord, aucune possession d'outre-mer ne saurait nous être plus chère par son histoire, que ce petit archipel, dernière épave du grand naufrage de la domination française dans l'Amérique du Nord, ou plutôt senti-nelle oubliée à l'entrée d'un continent, qui, de la Baie de Plaisance au Delta du Mississipi, semblait un instant destiné à former le patri-moine exclusif de notre race et de notre langue.

Quant à l'intérêt économique de premier ordre que représentent ces îles, il a été suffi-samment exposé dans cette étude. Il était de notre devoir de tirer le meilleur parti possible du plus beau centre de pêche du monde en-tier, et puis, quelle merveilleuse école d'endu-rance et d'énergie pour nos marins, que cette rude vie de pêcheur à la morue. Quand un marin a fait une campagne de pêche sur les Bancs, il ne lui reste plus rien à apprendre de son métier !

Enfin, à ces considérations d'ordre tradi-tionnel et sentimental, et d'ordre économique, s'ajoutait encore une dernière raison d'ordre politique, qui, à elle seule, aurait commandé le rétablissement à la tête de notre colonie, d'un fonctionnaire de haut rang. Il fallait lui donner l'autorité suffisante dans ses relations fréquentes avec les autorités anglaises de Terre-Neuve et du Canada.

Ces divers motifs avaient déjà une telle force en 1914, que, sans la guerre, la dési-gnation d'un gouverneur à Saint-Pierre-et-Miquelon aurait été un fait accompli depuis plusieurs années.

Cependant, ce n'est qu'après la fin victo-rieuse de la guerre que le Gouvernement de la République, confiant dans une colonie dont le passé fécond répond de l'avenir, a pu, par un décret du 21 juillet 1921, replacer à sa tête un gouverneur qui, doté de toute l'auto-rité nécessaire, a le pouvoir d'activer la mise en œuvre des ressources naturelles et d'assurer ainsi la prospérité de nos établissements.

Depuis, la sollicitude du Gouvernement pour notre colonie de Saint-Pierre-et-Mique-lon a continué à se manifester d'une façon toute particulière. Tout récemment encore, le précédent ministre des Colonies, M. Albert Sarraut, est allé visiter ce petit archipel déshé-rité, et il a reçu, pendant son court séjour à Saint-Pierre, un accueil enthousiaste de cette population si vaillante à laquelle il venait ap-porter le salut de la Mère Patrie.

Celle-ci, au reste, ne saurait se désintéres-ser d'une fraction quelconque de son domaine colonial. Il n'en est pas une seule, en effet, pour petite qu'elle soit, qui ne puisse demain présenter une réelle utilité. Ceci est vrai sur-tout pour nos établissements de Saint-Pierre-et-Miquelon, qui ne constituent pas seulement une possession coloniale, au sens général de ce mot, mais une véritable dépendance métropo-litaine au milieu de l'Atlantique. A ce titre, ils doivent nous être particulièrement chers, et le Gouvernement de la République ne mon-trera jamais trop de sollicitude pour cette par-celle lointaine de terre française.

DEUXIÈME PARTIE

La Guadeloupe

PAR

SAINTE-LUCE-BANCHELIN

Commissaire de la Guadeloupe à l'Exposition Coloniale de Marseille (1922)

LA GUADELOUPE

CHAPITRE PREMIER

Historique - Géographie physique - Géographie politique

HISTORIQUE

La France possède, dans la mer des Antilles, non loin des côtes de l'Amérique centrale et de l'Amérique du Sud, deux îles que l'Exposition Coloniale de Marseille de 1922 a mieux fait connaître : la Guadeloupe, dénommée « *l'Emeraude des Antilles* » et la Martinique surnommée « *la Perle des Antilles* ». De toutes nos possessions d'outre-mer, de toutes celles qu'un grand colonial, M. Adrien Artaud, a appelées « *les Etoiles de l'Aube* » et le regretté Jaurès « *les Belles Années de la France* », elles sont deux des plus anciennes, et elles sont restées profondément et fidèlement attachées à la mère patrie.

C'est à son second voyage au Nouveau-Monde que Christophe Colomb découvrit le groupe d'îles qui forment, de nos jours, la Guadeloupe et Dépendances. La première terre qu'il aperçut, le 3 novembre 1493, fut une petite île aux côtes escarpées ; il la nomma la Désirada (la Désirade) ; puis, ce fut une terre plus vaste ; il y débarqua et l'appela du nom de son vaisseau, Maria-Galanda (Marie-Galante). Le lendemain, 4 novembre, il se dirigea vers une troisième île beaucoup plus grande, aux montagnes majestueuses et couvertes d'une végétation luxuriante. Il débarqua, dit-on, dans la baie actuelle de Sainte-Marie-de-la-Capesterre, à l'endroit même où M. le Gouverneur Merwart fit placer, en novembre 1916, dans un square verdoyant, le buste du grand navigateur.

L'île était habitée par les Caraïbes, qui l'appelaient dans leur langue Karukéra ; Colomb lui donna le nom de Guadeloupe, en souvenir du couvent de Notre-Dame-de-Guadeloupe, en Espagne. Le 10 novembre, il débarqua dans un groupe d'îlots, à une dizaine de milles au sud ; il les appela Los Santos (Les Saintes). Il prit alors possession de l'archipel, au nom des souverains d'Espagne.

En 1496, Colomb revint aux Antilles, débarqua de nouveau à Marie-Galante ; de là, il fit voile vers la Guadeloupe, atterrit le 10 avril à la pointe du Vieux-Fort actuel. Les Espagnols durent lutter contre les Caraïbes qui se réfugièrent dans les bois.

En 1515 seulement, l'Espagne songea à coloniser la Guadeloupe. Ponce de Léon y conduisit une expédition, mais elle échoua. En 1520, une seconde expédition échoua également. En 1523, des missionnaires n'eurent pas plus de succès et furent massacrés. En 1626, un cadet de Normandie, Pierre d'Esnambuc obtint de Richelieu des lettres patentes pour la création de la *Compagnie des Isles d'Amérique*. Il réussit à chasser les Anglais et les Espagnols.

Tandis que d'Esnambuc s'appliquait à coloniser spécialement la Martinique, Lyénard de l'Olive et du Plessis d'Ossonville s'associèrent pour coloniser la Guadeloupe.

Le 28 juin 1635, une expédition de 550 Français atterrit près de la pointe Allègre, mauvais point d'établissement.

Cette année fut marquée par l'occupation

de Saint-Barthélemy et Saint-Martin, ainsi que par la mort de Du Plessis pendant une absence de l'Olive. Ce dernier, de retour, se livra à une extermination des Caraïbes (1636). Dans le courant de l'année suivante, il alla s'établir à la pointe sud de l'île et fut nommé gouverneur de la Guadeloupe. En 1639, le roi créa un Gouvernement général de Saint-Christophe, Guadeloupe et Martinique, qui fut confié à De Poïncy.

L'Olive quitta son gouvernement en 1639. A cette date, les Caraïbes avaient pour ainsi dire disparu.

En 1640, commence la période de prospérité de l'île. Engagés, blancs peu nombreux, et surtout esclaves africains forment la majorité de la population et sont occupés au défrichement de la colonie. Houel, nommé gouverneur en 1643, fit occuper en 1648 les îles de Saintes, Marie-Galante, Saint-Martin et Saint-Barthélemy. Une révolte des noirs fut brutalement réprimée.

La Compagnie des Isles d'Amérique fit de mauvaises affaires et vendit la Guadeloupe au marquis de Boisseret. Colbert la racheta ensuite, la céda à la *Compagnie des Indes Occidentales*. En 1674, elle fit retour à la couronne.

En 1666, 1690, 1703, les Anglais attaquèrent la Guadeloupe. De 1744 à 1748, la colonie eut encore à lutter contre les Anglais. De 1724 datent les premières cultures de café. En 1759, l'île fut conquise par eux et ils la gardèrent jusqu'au traité de Paris (3 avril 1763). De 1763 à 1776, la Guadeloupe fut très prospère. Il existait alors un Gouvernement général des Isles du Vent, dont le siège était à la Martinique. La Guadeloupe fut rattachée au gouvernement de la Martinique jusqu'en 1851, date de la suppression du Gouvernement général.

La Révolution française eut sa répercussion à la Guadeloupe. La guerre civile éclata entre les partisans de l'ancien régime, les *autocrates* et les *patriotes*. Il y eut entre eux des luttes sanglantes ; les Anglais en profitèrent, grâce à la trahison de planteurs, pour s'emparer de l'île. En 1794, la Convention émue vota l'abolition de l'esclavage, envoya à la Guadeloupe une expédition dont faisaient partie les commissaires de la Convention, Chrétien et Victor Hugues. Après sept mois de lutte, Victor Hugues, avec le concours des noirs qui s'enrôlèrent en foule, chassa les Anglais de la Guadeloupe, puis organisa la colonie. Il eut à réprimer des révoltes intérieures; il exerça un pouvoir dictatorial et fut rappelé par le Directoire.

Les révoltes continuant, plusieurs agents envoyés par le Directoire jouèrent, à cette époque, un rôle important. Parmi eux, deux créoles, le chef de brigade Magloire Pelage et le chef de bataillon Delgres. Ce dernier, dont la devise était : « Vivre libre ou mourir », poursuivi par le général Richepanse et ses troupes, chargés par le Premier Consul de rétablir l'esclavage, se fit sauter avec 300 des siens à Danglemont, au Matouba.

Les Anglais reprirent encore la Guadeloupe à la France, restèrent les maîtres de l'île de 1815 au 15 juillet 1816, date à laquelle elle fit définitivement partie du domaine colonial de la France.

Il est juste de remarquer que l'administration, durant les diverses occupations, fut toujours humaine et libérale ; mais, malgré les avances des Anglais, les habitants restèrent toujours attachés à la France ; ils refusèrent de s'enrôler sous le drapeau anglais, et préférèrent payer l'amende de 128 francs par tête, qui leur était infligée.

Un événement qui est d'une importance capitale pour la Guadeloupe fut le décret du 4 mars 1848 qui abolissait l'esclavage dans toutes les colonies françaises. Cet acte de haute humanité, dû à la propagande menée par des hommes tels que Lamartine, Ledru-Rollin, Louis Blanc, Victor Schoelcher, créa une situation nouvelle dans notre colonie; un décret du 27 avril 1848 organisa les élections sur la même base que dans la métropole et créa une organisation nouvelle du travail.

La Guadeloupe fut souvent ravagée par des épidémies de fièvre jaune, des cyclones, des incendies, des tremblements. Toujours pleine d'énergie et d'espérance, elle s'est remise vaillamment au travail, afin de réparer ses pertes et ses ruines. Le tremblement de terre du 8 février 1843 fut un des plus terribles qu'elle eut à subir. Il dura deux minutes et la Guadeloupe fut couverte de ruines et de cadavres.; des incendies (la Pointe-à-Pitre surtout), allumés un peu partout, détruisirent les maisons qui avaient pu résister au fléau.

Il y a donc de nombreuses années que la Guadeloupe est rentrée complètement dans la vie politique de la France. Véritable département français — que ce soit sous la Restauration de 1830, que ce soit sous l'Empire, sous la République, — elle n'a jamais abandonné sa métropole.

En 1870-1871, comme en 1914-1918, ses enfants ont combattu et sont morts pour la défendre.

PERSONNAGES CÉLÈBRES

NÉS A LA GUADELOUPE

La France, avec raison, est fière d'avoir donné naissance à des hommes qui se sont distingués dans toutes les branches de l'activité humaine; à plus forte raison la Guadeloupe, « ce prolongement lointain de la France », que des liens artistiques, scientifiques, poétiques, politiques, rattachent à la métropole, cite-t-elle avec fierté ses enfants célèbres.

Les plus connus — et nous en passons, et des meilleurs — sont : les poètes Léonard, Campenon, de l'Académie Française ; Poirier-Saint-Aurèle ; les auteurs dramatiques Maillan, Dumanoir, l'immortel auteur de *Don César de Bazan* ; les romanciers Adolphe Bélot, Léon Hennique, ancien président de l'Académie Goncourt, Privat d'Anglemont ; les peintres Lethière, qui fut directeur de l'Ecole de Rome (1811), Couder, Giber ; le chimiste Sainte-Claire-Deville ; l'illustre chirurgien Le Dentu ; Armand Barbes, « le Bayard de la démocratie », le chevalier de Saint-Georges, Bébian, qui dirigea à Paris l'institution des sourds-muets (1817) ; les généraux Dugommier, « le libérateur du Midi », Gobert, Bouscaren, de Gondrecourt, de La Jaille, de Sonis, Begin, et nos contemporains, le contre-amiral noir Mortenol, qui dirigea le service du camp aéronautique de Paris durant la guerre de 1914-1918, Henri de Lacroix, ancien généralissime de l'armée française (1913), le général de Lanrezac. On ne sait pas assez que la France a été illustrée, en 1793, en 1871 et en 1914, par trois généraux d'origine guadeloupéenne : le général Dugommier reprit Toulon aux Anglais, le général de Sonis battit les Prussiens à Loigny ; le général de Lanrezac, après la bataille de Charleroi, mit les Allemands en déroute à Guise... C'est là un très beau titre de gloire pour les Français de la Guadeloupe.

CONFIGURATION

La Guadeloupe, dont la superficie avec les dépendances est de 178.000 hectares, est située dans l'Océan Atlantique (mer des Antilles), par 15°59'30'' et 16°14'12''' de latitude nord et entre 63°51'32'' et 64°4'22'' de longitude ouest. Elle est divisée en deux parties, séparées par un bras de mer sinueux que les premiers colons ont appelé *la Rivière salée*, à cause de sa ressemblance avec un cours d'eau ordinaire. Celui-ci a 4.700 mètres de long, de 30 à 120 mètres de large, et une

profondeur de 5 à 6 mètres, et est navigable seulement pour les bateaux d'un faible tonnage. Cette passe fait communiquer deux grandes rades, le « Grand-Cul-de-Sac » au nord, et le « Petit-Cul-de-Sac » au sud. La longueur du pourtour formé par le groupe des deux îles est de 440 kilomètres.

A l'ouest de la Rivière Salée, se trouve la Guadeloupe proprement dite ou Basse-Terre, à l'est la Grande-Terre, les deux parties sont reliées par un pont tournant à flotteurs. Outre ces deux parties, la Guadeloupe comprend cinq dépendances : Marie-Galante, la Désirade, les Saintes, Saint-Barthélemy, Saint-Martin, dont les deux tiers appartiennent à la France et le reste à la Hollande, et cela depuis 1648.

La Guadeloupe proprement dite, dont le sol est montagneux et les côtes escarpées et bordées de falaises, a 180 kilomètres de pourtour et 94.600 hectares de superficie, dont 42.000 de forêt vierge. La Grande-Terre, plus petite, présente de vastes plaines; sa superficie est de 53.631 hectares, les côtes sont pittoresques, des rochers élevés au-dessus du niveau de la mer forment des grottes dans lesquelles les vagues se précipitent en bouillonnant et atteignent jusqu'à 12 mètres de hauteur. Le Trou aux Vaches, la Grande Vigie, la Pointe du Rempart, la Pointe des Châteaux, le Souffleur, la Porte d'Enfer, etc., etc.

COTES

Un écrivain de très grand talent, qui a vécu longtemps aux Antilles, Lafcadio Hearn, décrit ainsi les côtes de ces îles : « Les hautes falaises sont composées de minerai de fer noir; mais elles sont tapissées d'innombrables plantes grimpantes, et partout des lianes pendent et rejoignent la frange de la ligne de mer d'un vert éclatant qui se traîne sur le sable noir comme du jais pulvérisé. Et les vagues sont très longues et très lourdes, elles déferlent avec un fracas assourdissant et lancent de fantastiques jets d'écume pareils à des mains qui s'agitent... Les falaises apparaissent toujours à travers un voile d'embruns tièdes qui s'élèvent vers le soleil comme des fumées... »

Le sol de la Guadeloupe proprement dite est montagneux et volcanique. Il renferme des volcans éteints, et sur les flancs des montagnes, on aperçoit des déchirures de sillons où jadis la lave a coulé. Sur les côtes, il y a des échancrures qui forment d'excellents mouillages (l'anse à la Barque, Deshaies). Sur le versant oriental, les mouillages sont plus rares, la mer est parsemée de récifs et de coraux.

La côte orientale de la Grande Terre offre une large échancrure (Le Moule), et la côte occidentale une assez grande baie en dessous de Port-Louis. Pointe-à-Pitre s'abrite derrière la ligne des îlots du Petit Cul de Sac. La rade du Grand Cul de Sac, également parsemée d'îlots, est précédée d'un récif corallien.

La côte ouest de Basse-Terre, abrupte, parfois taillée à pic, présente une succession de saillies et d'anses aux eaux profondes.

tres) ; la Grande Soufrière (1.484 mètres), qui émet encore des vapeurs de soufre à la température de 100 degrés, et le volcan, aujourd'hui éteint, le Houelmont, au sud.

Actuellement, le massif montagneux se partage en deux versants de chaque côté de l'arête médiane : le versant est présente des plaines immenses qui s'avancent en pente douce vers la mer; à l'ouest, le versant, plus court, tombe en falaises abruptes et escarpées sur la mer.

SAINT-MARTIN. — Vue du marigot.

Les meilleurs mouillages sont au nord, l'anse Deshayes, et au sud le port de Basse-Terre. La côte orientale basse et souvent même marécageuse offre un mouillage assez bon, la baie de Petit-Bourg.

OROGRAPHIE

La Basse-Terre, essentiellement montagneuse, se trouve traversée par une chaîne nord-est-sud-ouest, rapprochée de la côte occidentale ; l'île, dans sa formation volcanique, a quatre foyers principaux : la Grosse Montagne (720 mètres), dans le nord-ouest, au centre ; les Deux Mamelles (719 et 773 mè-

Citons encore comme pitons élevés : le Grand Sans Toucher (1.480 mètres), le massif de la Madeleine (1.050 mètres), le piton de la Bouillante (1.120 mètres) ; au nord, pitons et mornes s'abaissent de 800 à 350 mètres : piton de Sainte-Rose (356 mètres).

La Soufrière est le sommet le plus majestueux de la chaîne guadeloupéenne ; il faut la voir par un temps clair de la commune de Saint-Claude, située à ses pieds ; il faut surtout goûter le charme qu'offre une excursion. Il faut contempler le panorama féérique que l'on voit autour de soi une fois que l'on est installé au sommet. Rien n'est plus grandiose, plus impressionnant, qu'un crépuscule vu du haut de la Soufrière. « Par un sentier peu commode, dit Lafcadio Hearn, je vais directement au piton du Nord, et je me place sur le rocher qui couronne la cime, juste au moment où s'éloignent les derniers feux du couchant.

du soir; à mes pieds, le littoral baigne encore dans une lumière diffuse, tandis que les gorges boisées, les vallées et les ravines ont perdu leurs colorations diurnes et ne laissent plus que confusément deviner les contours indécis, progres-

Vue de la Soufrière.

Ce n'est plus le jour, et pourtant ce n'est pas encore la nuit. Pendant quelques minutes, je jouis de cet instant si fugitif mais si merveilleusement beau, d'un crépuscule aux Antilles.

« Quelques nuages encore frangés d'une bande de pourpre traînent à l'horizon de la mer, de la mer violacée, couleur lie de vin, qu'envahissent déjà, par endroits, les ombres grises

sivement effacés par le doigt de la nuit qui tombe; à ma droite, la masse du *Nez-Cassé* se dresse, toute noire; seule, sa tête emprunte encore quelque reflet du ciel d'un bleu infiniment pâle, d'un bleu mourant; devant moi, dévalant jusqu'aux plaines de la Basse-Terre et du Baillif, avec toutes les nuances du vert, depuis le vert presque noir des forêts, jusqu'au vert d'un blanc métallique des champs de cannes, les croupes boisées se déroulent, s'enflent et s'abaissent ; les toits rouges du Camp-Jacob mettent leur note vive dans l'harmonieux ensemble du paysage... »

La Grande-Terre a la forme d'un triangle de 48 kilomètres est-nord et 28 kilomètres nord-sud. Elle se termine à l'est par la pointe rocheuse des « Châteaux », et au nord la pointe « de la Grande Vigie ».

De formation calcaire à base volcanique, la Grande-Terre est dépourvue de montagnes, le sol plat et en terrasses est seulement ondulé de mamelons ou « mornes » nus ou boisés d'une hauteur variant entre 80 et 120 mètres, et séparés d'étroites gorges ou de vastes plaines fertiles appelées « Grands Fonds ».

La Grande-Terre offre donc un contraste très grand avec la Guadeloupe proprement dite. L'une est hachée de montagnes, couverte de forêts souvent vierges ; l'autre est plate et dépourvue de forêts, beaucoup d'eaux courantes dans la première, presque pas de cours d'eau dans la seconde, aussi les périodes de sécheresse y sont-elles fréquentes et cette dernière partie de l'île est beaucoup moins fertile.

HYDROGRAPHIE

La Guadeloupe proprement dite (pour abréger l'on dit toujours la Guadeloupe, par opposition à la Grande-Terre) est arrosée de nombreuses rivières — plus de 80 — navigables pour les pirogues et les barques. C'est surtout sur le versant oriental que l'on trouve des cours d'eau offrant le plus souvent des spectacles grandioses par les chutes, les cascades, les bassins qu'ils forment. Les principaux sont : versant oriental, la Grande Rivière, la Goyave, la Viard, la Lézarde, la Moustique (d'un parcours de 8 kilomètres et navigable jusqu'à 7 kilomètres de son embouchure), la Rose, la Petite Goyave, la grande rivière de la Capesterre (10 kilomètres de cours, 3 chutes de 80 à 125 mètres), le petit et le grand Carbet, la rivière Grande Anse.

A signaler sur le versant occidental : la rivière Beaugendre, la grande rivière des « Habitants », la rivière du Plessis, la rivière des Pères, la rivière aux Herbes, la rivière du Galion (12 kilomètres de parcours et formée de huit sources qui prennent naissance au pied de la « Soufrière ») ; il faut ajouter à cette liste un nombre considérable de ruisseaux qui deviennent des torrents à la saison des pluies. Ainsi seules sont navigables pour les navires d'un certain tonnage : la Viard, la Goyave, la Lézarde, d'ailleurs sur une distance limitée à quelques kilomètres de leur embouchure.

Ces différents cours d'eau qui descendent des montagnes de la Basse-Terre offrent des spectacles réellement féeriques. Leurs aspects sont variés et divers, et un auteur décrit ainsi les rivières de la Guadeloupe :

« Les unes, dit-il, naissent sans bruit de plusieurs sources minuscules, et, majestueuses et sévères, coulent silencieusement entre leurs rives, en un jet régulier, exempt de sinuosités et d'obstacles ; d'autres bouillonnent et écument comme si elles s'élançaient, comme des geysers, d'un foyer volcanique ; elles se creusent ensuite un lit dans le roc ou épanchent leurs eaux dans un sol très friable. Elles coulent ainsi, parfois très encaissées, entre d'abruptes falaises, parfois à ciel ouvert sur un magnifique plateau, ou dans une plaine verdoyante. Plus bas, c'est un enchaînement de nappes d'eau resserrées entre des rochers ; les unes sont paisibles, les autres, parce que la pente s'abaisse insensiblement, fougueuses comme pour échapper à leur prison.

« Ailleurs, la rivière arrive impétueuse, luttant contre les obstacles qui interrompent son cours, puis soudain disparaît dans le sol. On la voit sourdre un peu plus loin en de minces filets, disparaître à nouveau et reparaître enfin, dans son lit reformé.

« Quelquefois, une légère mais subite inclinaison du lit forme des cascatelles qui murmurent délicieusement sur les cailloux du fond ; et, se divisant en plusieurs rameaux, la rivière, dans ses gracieux méandres, entoure un rocher ou enlace un îlot, bouquet de verdure, tel l'îlet Pérou, à la Capesterre. Mais souvent aussi, la plaine s'étant brusquement transformée en une colline ondulante et escarpée, les eaux s'élancent mugissantes, tombent du haut d'un rempart de rochers en cascades géantes, que voile légèrement une fine poussière d'eau, poussière de cristal. Telles les chutes du Carbet, dont la hauteur varie entre 125 et 150 mètres ; ou bien elles continuent à se précipiter ainsi sur une série d'étages, ou bien elles se déroulent en un long ruban argenté ou se répandent dans un vaste bassin, azurée comme le ciel : Cascade Vauchelet, au Camp-Jacob ; Saut du Constantin, Bassin Bleu du Galion.

« Après avoir franchi des kilomètres, soit à l'ombre des hautes frondaisons de la forêt, soit enclavée entre deux murailles de rocs, soit encore au milieu de plantations et de plaines verdoyantes, ou bien entre deux falaises tapissées de lianes et couronnées de grands arbres dont les branches se rejoignent et s'enlacent d'une rive à l'autre, la rivière s'apaise dans les vallons qui avoisinent le littoral et vient mourir sur une plage de sable fin ou sur un lit de menus graviers... »

A la Grande-Terre, pas de rivières, mais quelques ruisseaux ; à l'époque des pluies, durant l'hivernage (de juillet à octobre), ils deviennent de véritables torrents : le canal des Rotours navigable jusqu'à Grippon, le canal Faugas.

Les deux parties de la Guadeloupe sont de mousse, sont semés par places comme des îlots, et toute une végétation aquatique étale ses larges taches vertes, d'un vert pâle lavé par les eaux, sur la surface du vaste bassin...

« Parfois un cri bref s'élève ; c'est quelque poule d'eau qui prend ses ébats, quelque canard sauvage qui passe ; puis tout retombe dans le silence, et, seul, par intervalles, le bruissement des bambous fait entendre sa note plaintive... Je le répète, le spectacle est unique à la Guade-

Ruisseau sous bois.

de plus parsemées d'étangs et de mares d'une superficie variant de 6 à 18 hectares. Les principaux sont : le Grand Etang, l'Etang Zombi, l'As de Pique, les Fontaines Bouillantes, la Saline, Poucette, etc.

Le Grand Etang est situé à une altitude de 500 mètres. Ses eaux, en se déversant, forment le ravin Banania, qui traverse le hameau de Banania, où l'on ne voit d'ailleurs non des bananiers, mais des cocotiers. Cet étang a un kilomètre de longueur sur six cents mètres de largeur. M. le Boucher, ancien chef du Service des Domaines à la Guadeloupe — un fervent des excursions en montagne, un adorateur et un chantre des beautés de la Guadeloupe, décrit ainsi le Grand Etang dans *La Guadeloupe pittoresque* :

« Sur l'étang, de gros rochers noirs, revêtus loupe, et celui qui l'a une fois contemplé en emporte le durable souvenir que laisse les choses de la nature après avoir évoqué à nos yeux l'image de la parfaite beauté. »

Non seulement on chasse sur les bords de l'étang, mais on pêche l'écrevisse dans ses eaux limpides, et aussi des ouassous (sorte d'écrevisse à la chair savoureuse) gros comme des homards.

SOURCES THERMALES

La Guadeloupe est une des les îles les plus riches en eaux de toutes sortes, froides, courantes ou chaudes. Les Caraïbes ne l'avaient-ils pas appelée « Karukéra », qui signifiait « *l'Ile aux Belles Eaux* », comme ils avaient appelé poétiquement la Martinique « Madinina », « *l'île aux Fleurs* ».

Mais il faudrait faciliter les accès de ces différentes sources aux touristes et aux malades. Il n'y en a que trois qui soient aménagées : Dolé-les-Bains, Sofaia et la Ravine Chaude.

Les principales sources sont :

EAUX SULFUREUSES

Bains chauds du Matouba, Sources du Galion, Sources de Saint-Charles, Sofaia (à Sainte-Rose), efficaces dans les maladies de la peau, les rhumatismes, les sciatiques, mais ces richesses sont inexploitées.

EAUX SALINES FAIBLES

Eaux du Pigeon ou du Curé, Eaux de Dolé, Ravine Chaude du Lamentin.

Un hôtel très luxueux a été construit à Dolé, situé sur la route qui conduit de Basse-Terre à la Pointe-à-Pitre, promenade merveilleuse que ne manquent pas de faire les touristes. Les Bains de Dolé (33 degrés à la Digue, 38 degrés à Capès) sont souverains dans les affections cardiaques, les rhumatismes, la neurasthénie, etc.; les eaux de la Ravine Chaude guérissent des maladies de la peau, du foie, de la rate, des rhumatismes, des coliques néphrétiques, etc.

A propos de la vertu curative des eaux de la Ravine-Chaude, il y a une légende.

C'est un chien qui, dit-on, découvrit la source de la Ravine-Chaude.

« Son maître était désespéré; voyant l'animal dépérir d'une façon étonnante et y tenant beaucoup, il tâcha de le distraire en l'emmenant à la chasse avec lui : ce chien avait perdu sa maîtresse et était d'une tristesse qui le faisait mourir. Il était déjà couvert de gale; le savon noir ni le soufre ne faisait aucun effet sur lui; il avait les jambes tordues.

Après plusieurs parties de chasse, le gentleman remarqua que son chien se reprenait à la vie. Il crut d'abord que c'était l'exercice et la distraction qui lui faisaient du bien. Mais un jour, en passant près de la Ravine qui, en ce moment, coulait dans un tapis de curage, il remarqua que son chien prenait plaisir à s'y jeter et y restait fort longtemps. Il voulut savoir pourquoi l'animal se trouvait si bien dans cette eau. Il fut surpris en y plongeant la main de trouver une eau tiède et fut charmé de sa limpidité.

Il se rendit alors compte de la métamorphose de son fidèle compagnon qui se traînait à peine quelques jours auparavant. Son chien s'était guéri de trois maladies dans ces eaux merveilleuses : 1° de la tristesse; 2° du rhumatisme; 3° de la gale. »

EAUX FORTES

Fontaines de Bouillante, Eaux du Palétuvier à Bouillante.

EAUX SALINES FORTES
AVEC DÉPOTS FERRUGINEUX

Bains jaunes, Bains de Beauvallon.

Les Bains jaunes (35 degrés) sont situés à 950 mètres d'altitude, au pied de la Soufrière; ceux qui font l'excursion de la montagne ne manquent pas de prendre un bain délicieux dans la piscine, à l'aller et au retour.

CLIMAT

On peut considérer l'année comme divisée en trois saisons : 1° la saison des pluies continues, juillet à novembre, c'est l'hivernage; 2° de décembre à mars, la saison fraîche; enfin, 3° la saison sèche, de mars à juillet. Chaque saison est marquée par des vents particuliers : l'hivernage a le vent du sud, la saison fraîche le vent du nord, et la saison sèche l'alizé d'est. La température moyenne est de 26 degrés (26°16 à la Pointe-à-Pitre, 26°53 à Basse-Terre); sur les hauteurs, elle est de 15 à 17 degrés. La chaleur est tempérée par la brise de mer (du lever au coucher du soleil) et par celle de terre (pendant la nuit). Sauf en certaines régions côtières, le climat est doux et salubre à la Guadeloupe, particulièrement sur les plateaux.

« De décembre à mai, c'est le renouveau, dit Lafcadio Hearn; la période la plus délicieuse de l'année, le printemps magique des tropiques où le pays se baigne tout à coup en une vapeur irisée. Alors tous les lointains prennent des teintes de joyaux, après les mois de sécheresse où tout s'est flétri, la nature renouvelle ses sèves et avive toutes ses couleurs. Les forêts se couvrent de fleurs et de fruits, les lianes desséchées vivifient leurs verts lumineux et projettent des milliers de tendons nouveaux. Et, par-dessus les hauteurs des grands bois, se déversent des cascades de fleurs bleues, blanches, roses et jaunes. Les palmiers et les angelins semblent grandir tout à coup, en secouant leurs palmes mortes; une brume est suspendue au-dessus des vallées de cannes à sucre mûres

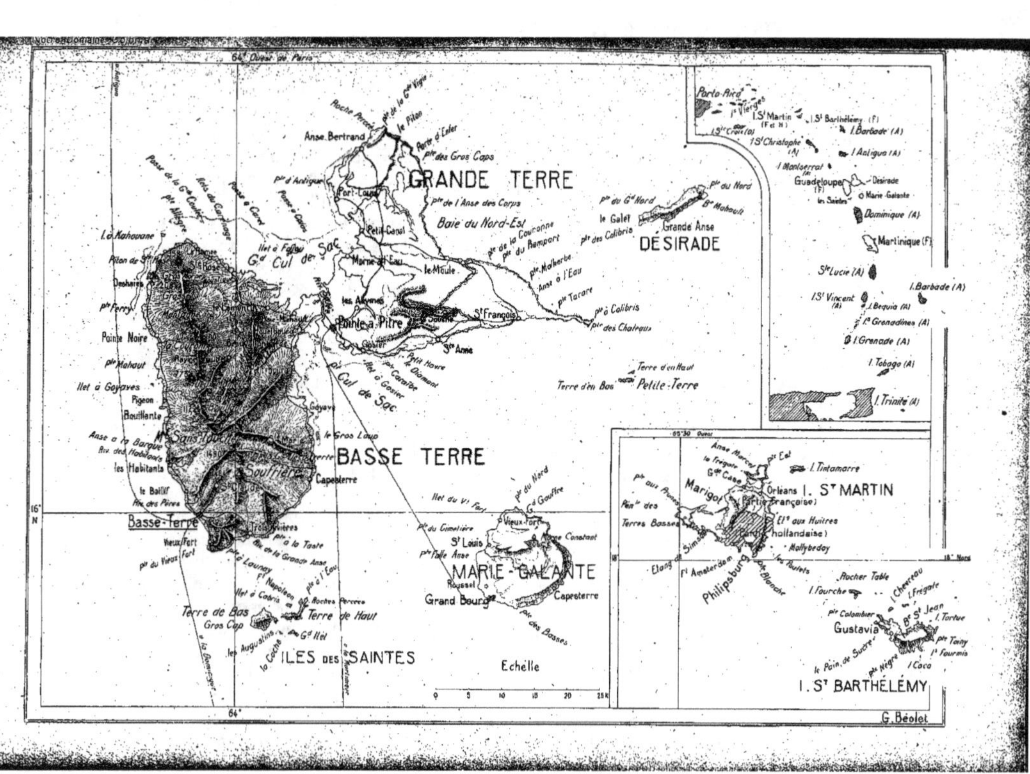

64° Ouest de Paris
GRANDE TERRE
Anse-Bertrand
Porte d'Enfer
le Piton
Roche Percée
Ptе de la Gde Vigie
Ptе des Gros Caps
Ptе d'Antigue
Port-Louis
Petit-Canal
Ptе de l'Anse des Corps
Baie du Nord-Est
Morne-à-l'Eau
Ilet à Fajou
Gd Cul de Sac
Ptе de la Couronne
Ptе du Rempart
le Moule
Ptе Malherbe
Anse à l'Eau
les Abymes
Ptе Tarare
Pointe-à-Pitre
Gosier
St François
Ste Anne
Ptе à Colibris
Ptе des Châteaux
Petit Havre
Ilet à Cochon
Ilet à Gosier
Pt Cul de Sac
Gros Louis
Goyave
BASSE TERRE
la Soufrière
Capesterre
Ilet du Vx Fort
Ptе du Nord
Gd Gouffre
Pte de l'Anse des Corps
Ilet à Fajou
l.à Nahouane
Piton de la Gde Vigie
Deshaies
Ptе Ferry
Pointe Noire
Ptе Mahaut
Ilet à Goyaves
Pigeon
Bouillante
Anse à la Barque
Riv. des Habitants
les Habitants
le Baillif
Riv. des Pères
Basse-Terre
Vieux-Fort
Ptе du Vieux Fort
Trois-Rivières
Ptе à la Taste
Ptе de la Grande Anse
Riv. de Grand Carbet
Napoléon
Ptе de l'Eau
Ilet à Cabrit
Roches Percées
Terre de Bas
Gros Cap
Terre de Haut
les Augustins
Gd Ilet
ILES DES SAINTES
Passe à Colibri
Passe de la Gde Vigie
Vieux-Fort
St Louis
Ptе Folle Anse
MARIE-GALANTE
Roussel
Grand Bourg
Capesterre
Roches Basses
du Cimetière
Anse Constant
DÉSIRADE
Ptе du Gd Nord
le Galet
Ptе des Colibris
Grande Anse
Ptе du Nord
Gd Mahault
Terre d'en Haut
Terre d'en Bas
Petite-Terre
Echelle
0   5   10   15   20   25 K
Porto-Rico
I. Vierges
I. St Martin (F et H)
I. St Barthélemy (F)
I. Croix (D)
I. St Christophe (A)
I. Barbade (A)
I. Antigua (A)
I. Montserrat (A)
Guadeloupe (F)
les Saintes
Désirade
Marie-Galante
Dominique (A)
Martinique (F)
Ste Lucie (A)
I. Barbade (A)
I. St Vincent (A)
I. Bequia (A)
I. Grenadines (A)
I. Grenade (A)
I. Tobago (A)
I. Trinité (A)
65°30 Ouest
Anse Marcel
la Frégate
Ptе Est
I. Tintamarre
Marigot
Gde Case
Orléans I. St MARTIN
(Partie française)
Pan ne des Terres Basses
Ptе aux Prunes
Ilt aux Huîtres
(hollandaise)
Mollybeday
Baie Simson
Etang
Fort Amsterdam
Philipsburg
Baie Blanche
les Poulets
16° Nord
Rocher Table
I. Fourche
Ptе Colombier
I. Chevreau
I. Frégate
Bd St Jean
I. Tortue
Gustavia
Ptе Toiny
le Pain de Sucre
Ptе Nègre
I. Fourmis
I. Coco
I. St BARTHÉLÉMY
64°
G. Béolet

et les routes des montagnes verdissent presque jusqu'à leur milieu, sous la formidable invasion des herbes et des arbustes nouveaux. »

A la Guadeloupe soufflent durant presque toute l'année les vents alizés, mais pendant la saison de l'hivernage, de juillet en septembre, se produisent des perturbations atmosphériques connues sous le nom de coups de vent ou cyclones, qui causent des ravages le plus souvent considérables.

DIVISIONS TERRITORIALES

La Guadeloupe est divisée en trois arrondissements :

1° Basse-Terre; 2° Pointe-à-Pitre; 3° Marie-Galante.

L'arrondissement de Basse-Terre comprend cinq cantons : Basse-Terre, Capesterre, Pointe-Noire, Saint-Martin, Saint-Barthélemy (ces deux derniers sont des dépendances).

L'arrondissement de la Pointe-à-Pitre comprend cinq cantons : Pointe-à-Pitre, Moule, Saint-François, Port-Louis, Lamentin.

L'arrondissement de Marie-Galante comprend un seul chef-lieu : Grand-Bourg.

Le canton de Basse-Terre comprend six communes : Basse-Terre, Saint-Claude, Gourbeyre, Vieux-Fort, Baillif, Vieux-Habitants.

Le canton de Capesterre comprend cinq communes : Capesterre, Trois-Rivières, Goyave, Saintes (Terre de Haut), Saintes (Terre de Bas).

Le canton de Pointe-Noire comprend trois communes : Pointe-Noire, Deshaies, Bouillante.

Le canton de Saint-Martin comprend une commune.

Le canton de Saint-Barthélemy une aussi.

Le canton de Pointe-à-Pitre comprend quatre communes : Pointe-à-Pitre, Abymes, Gosier, Morne-à-l'Eau.

Le canton du Lamentin comprend quatre communes : Lamentin, Baie-Mahault, Petit-Bourg, Sainte-Rose.

Le canton du Port-Louis comprend trois communes : le Port-Louis, le Petit-Canal, l'Anse-Bertrand.

Le canton du Moule comprend deux communes : Moule et Sainte-Anne.

Le canton de Saint-François comprend deux communes : Saint-François et Désirade (une dépendance).

Le canton de Marie-Galante comprend trois communes : Grand-Bourg, Capesterre, Saint-Louis.

En résumé, trois arrondissements, 11 cantons, 34 communes.

Au 1er janvier 1921, l'effectif de la population s'élevait à 229.839 habitants.

VILLES PRINCIPALES

La Basse-Terre (8.318 habitants) date de 1643, elle s'étend le long de la mer, bâtie en amphithéâtre, ses maisons s'étagent sur une série de collines toujours verdoyantes. La Basse-Terre est le siège de la cour d'appel, d'une cour d'assises, d'un évêché, d'un tribunal de première instance, d'une justice de paix, d'une chambre de commerce, d'une chambre d'agriculture, de la trésorerie générale, etc. C'est une ville largement pourvue d'eau. La Basse-Terre est le siège du Gouvernement, de tous les services de la colonie, excepté l'instruction publique.

Au début de la colonisation, la ville de Basse-Terre avait une importance très grande, elle était le centre du commerce. Plus tard, elle fut surpassée par la Pointe-à-Pitre dès que l'on y créa le port qui est un des plus sûrs et des mieux abrités du monde.

Le coup d'œil est magnifique lorsqu'on aperçoit la Basse-Terre de la mer; le toit blanc des maisons qui brille au soleil, les hautes cheminées des distilleries, les plantations de café, les champs de canne à sucre donnent à la ville un aspect vraiment gai. Les quais présentent trois wharfs. A leur extrémité se trouve une promenade créée par le Comte de Nolivos, gouverneur en 1765 et ombragée par d'immenses tamariniers. Il faut mentionner deux autres promenades beaucoup plus fraîches parce que plus élevées au-dessus du niveau de la mer : le Champ d'Arbaud au milieu duquel s'élève le monument aux Guadeloupéens morts pour la France et le Jardin Botanique. La cathédrale de la Basse-Terre bâtie par les Franciscains date de 1727, il y a une deuxième église, le Mont-Carmel qui est une des plus anciennes de l'île.

La Pointe-à-Pitre (27.679 habitants) est le centre commercial; le port est un des plus beaux et des plus sûrs des Antilles.

Dans cette ville se trouvent le Lycée (1883), le Cours Michelet pour les jeunes filles (1894), la Banque, le Crédit Foncier Colonial ou Société des Sucreries Coloniales, la Chambre d'agriculture qui a son siège au Musée Lherminier, le Musée Schoelcher qui possède une riche collection de moulages, de porcelaines, de bronzes, le Palais de Justice, etc. Une place immense, située non loin de la mer, est un lieu de promenade très agréable, la Place de la Victoire appelée ainsi en souvenir de la victoire que Victor Hugues remporta sur les Anglais en 1794. Non loin de cette place, dans un square devant la Banque, s'élèvera bientôt le monument aux morts dû, comme celui de la Basse-Terre, au ciseau du sculpteur parisien Galy.

Sur une place publique se trouve le buste du contre-amiral Gourbeyre qui a été gouverneur de la Guadeloupe.

Le port de la Pointe-à-Pitre placé au fond de l'estuaire formé par le rapprochement des deux îles qui composent la Guadeloupe est

ses; en 1843 elle fut totalement détruite par un tremblement de terre, en 1871, par un incendie, en 1865 c'est par le port de la Pointe que le choléra s'introduisit dans l'île. La ville est éclairée à l'électricité ainsi que la Basse-Terre et plusieurs autres communes.

Les autres villes importantes sont : le Moule, la Capesterre, Sainte-Anne, Saint-François, le Port Louis et dans les dépendances, le Grand Bourg (Marie-Galante).

Le Moule est la troisième ville de la Guadeloupe, le port était autrefois fréquenté par

Basse-Terre. — Vue générale.

abrité contre les vents et les raz de marée. De nombreux courriers français, anglais, américains y viennent chaque jour apporter les produits de l'extérieur. C'est dans ce port que s'élève l'usine à sucre d'Arboussier, l'une des plus grandes des Antilles. Elle a un chemin de fer de 14 kilomètres pour le transport de ses cannes, une flotte de petits bateaux à vapeur et de chalands qui voyagent dans les rivières de la Goyave, du Lamentin, de la Lézarde, de la Trinité afin d'apporter les cannes à l'usine.

Cette ville fut éprouvée à diverses reprises

de nombreux navires — à voile surtout — qui venaient charger les sucres des usines Zevallos, Duchassaing, Gardelles; elle était jadis le siège d'une sénéchaussée et d'un tribunal de première instance. Avant d'arriver au Moule, on est frappé par le spectacle grandiose qu'offre la baie. La mer y est bleue, la plage au sable blanc comme la neige s'étend à plusieurs kilomètres; des arbres, des raisiniers surtout dont les feuilles sont vertes et rouges et les fruits rouge sombre, poussent tout le long de la mer. Non loin du Moule se trouve *la Porte d'Enfer* que décrit ainsi un écrivain colonial H. Cousin.

« Déchirés dans tous les sens, de hauts précipices d'un jaune d'ocre s'élevant du rivage formaient une enceinte semi-circulaire tout autour de laquelle les lames se brisaient avec fureur. Au pied de ces falaises régnait une grève étroite composée de cailloux incessamment roulés par les vagues qui les portaient au sein de l'Océan et les y reportaient sans cesse, sans jamais leur laisser aucun repos. En face de la baie, la nature, qui dans ses caprices bizarres se plaît quelquefois à imiter les ouvrages des hommes, avait placé un grand portique de la plus formidable apparence. Les deux piliers reposaient sur deux gros écueils qui s'élevaient du sein des flots; ils montaient d'une manière régulière à près de cent pieds de hauteur; et là ils étaient surmontés d'une arcade sauvage dont la hardiesse et la grandeur semblaient comme insulter aux monuments humains du même genre dont ma mémoire avait conservé l'image. Une mer impétueuse poussée par l'éternel vent d'est, est obligée pour arriver au fond de la baie de passer sous cet étonnant portique. Elle s'y enfonce en rugissant, se brise avec rage contre ses piliers et fait jaillir en l'air une écume dont les flocons voltigent au-dessus de son arcade orgueilleuse. »

Marie-Galante, la plus importante des dépendances, comprend 3 communes, Grand-Bourg, Capesterre et Saint-Louis, mais l'île jadis très prospère est abandonnée des pouvoirs publics. On y compte deux usines très importantes; cette dépendance est reliée à la Pointe-à-Pitre par un câble téléphonique sous-marin.

On peut dire qu'un des endroits les plus sains de la colonie est les Saintes : la température y est très douce, les bains de mer agréables et faciles; le Docteur Sauzeau de Puyberneau, médecin des troupes coloniales qui a fait un séjour de plus d'une année aux Saintes dit en parlant de la salubrité de ces îles :

« A mon point de vue, le sanatorium de la Colonie n'est pas le Camp-Jacob que protègent des siècles d'officielles consécrations, ni Gourbeyre, ni les autres hauteurs bien connues. Le sanatorium de la Guadeloupe est aux Saintes. Et je ne veux, pour me soutenir, que les personnes qui n'ont pas cédé au classique entraînement vers des régions couramment recommandées et qui ont accompagné un malade cher, presque mourant ou déclaré incurable, aux Saintes, et s'en sont retournées avec ce même malade, deux mois après complètement rétabli, transformé, guéri. »

Les habitants vivent aux Saintes à un âge très avancé et les ménages qui ont de 10 à 12 enfants sont nombreux.

A propos de Saint-Barthélémy dont la capitale de Gustavia, petite ville bâtie par les Suédois, il y a un événement historique qui montre l'attachement des Guadeloupéens à la France.

En 1784, cette île qui appartenait à la France depuis plus d'un siècle, fut cédée à la Suède par Louis XVI, elle échappa ainsi aux guerres franco-anglaises, mais dès qu'elles furent terminées, elle souffrit de son éloignement et Oscar II, roi de Suède, proposa de faire la rétrocession de l'île à la France à condition qu'elle fût acceptée par la population. Un referendum eut lieu; sur 351 suffrages, 350 se prononcèrent pour la France, le traité fût signé le 31 octobre 1877 et le 16 mars 1878, la prise de possession eut lieu au milieu d'une joie délirante.

« Alors que le pavillon suédois, raconte un témoin, flottait encore sur les édifices publics, les habitants arboraient les couleurs françaises, comme pour devancer la cérémonie officielle qui les rendait à leur ancienne patrie.

« Le gouverneur de la Guadeloupe, M. Couturier, accompagné des autorités locales, s'était rendu dans la dépendance pour cette formalité. Il avait pris passage sur le croiseur *Victoire* battant pavillon du contre-amiral Maudet, qu'escortait les avisos *Guichen* et *Magicien*.

« Dès son débarquement, le représentant de la France remit au gouverneur suédois M. Bror Ulrich, les insignes d'officier de la Légion d'honneur. Celui-ci, profondément ému, exprima en termes choisis toute sa reconnaissance et ses remerciements au gouvernement français.

« Puis, la présentation des fonctionnaires faite, le cortège se rendit dans la salle préparée pour la signature du procès-verbal dont lecture fut donnée dans les deux langues.

« Au moment où les représentants apposaient leurs signatures sur cet acte qui rendait à la France une de ses plus anciennes colonies, le pavillon suédois, après avoir été salué une dernière fois, fut lentement amené, et le pavillon français hissé sur les monuments publics au milieu du bruit des canons, de la musique des équipages et de l'enthousiasme général. »

ADMINISTRATION

A la tête de la Colonie, se trouve un gouverneur assisté d'un conseil privé composé du secrétaire général, du procureur général, de deux conseillers privés tutélaires, remplacé au besoin par deux conseillers privés suppléants. Les chefs de services y sont appelés de droit, avec voix consultative, quand il est traité des affaires de leur service.

Au Parlement, la Guadeloupe est représentée par un sénateur et deux députés.

ARMÉE — MARINE — JUSTICE
INSTRUCTION PUBLIQUE — CULTE

Les forces militaires de la Guadeloupe comprennent un détachement d'infanterie de marine, une compagnie de gendarmerie, dépendant du groupe des Antilles, à la tête duquel se trouve un commandant supérieur résidant à la Martinique.

La loi du 15 juillet 1889 sur le recrutement est applicable à la Guadeloupe et, durant la guerre de 1914-1918, la Colonie a

Les Saintes. — Terre de Bas.

Un conseil général composé de 36 membres élus pour six ans et renouvelables par moitié, tous les trois ans, vote le budget de la Colonie, établit les impôts. Il nomme chaque année deux grandes commissions qui solutionnent les affaires les plus urgentes devant les inter-sessions, la commission financière et la commission coloniale, composée de 7 membres, dont les attributions sont les mêmes que celles des commissions départementales de la France.

fourni de nombreux soldats à la Métropole; beaucoup de jeunes gens ont contracté aussi des engagements volontaires pour la durée de la guerre. L'inscription maritime fonctionne dans la Colonie dans les mêmes conditions qu'en France.

Il y a 11 justices de paix dont 3 à compétence étendue, deux tribunaux de première instance, une cour d'appel.

L'instruction publique est donnée dans plus de 100 écoles publiques, dans des écoles libres, un lycée prépare aux divers baccalauréats, un cours secondaire des jeunes filles au brevet élémentaire, au brevet supérieur et aux baccalauréats; des cours normaux de garçons et de filles forment des instituteurs et des institutrices. Une école professionnelle, des cours d'hydrographie, des cours commerciaux fonctionnent au lycée Carnot, et une école pratique d'agriculture est installée dans la commune de Sainte-Rose, centre industriel et agricole.

La religion catholique est professée par la plus grande partie de la population — le diocèse dépend de l'archevêché de Bordeaux et les membres du clergé sont surtout des Pères du Saint-Esprit. A Saint-Martin, il y a un consistoire protestant et à Saint-Barthélemy une église méthodiste.

Le service de santé et le service hospitalier sont assurés par les médecins militaires des troupes coloniales et par les médecins civils; le service de l'assistance publique de la prévoyance sociale rendu applicable dans la colonie par la loi du 16 juillet 1920 fonctionne, mais imparfaitement, depuis le 1er janvier 1921, les crédits nécessaires faisant défaut.

COMMUNICATIONS

COMMUNICATIONS INTÉRIEURES — MOYENS DE TRANSPORTS — ROUTES — RELATIONS EXTÉRIEURES.

Les diverses communes de l'île sont desservies tous les jours par des vapeurs, des voiliers, des canots, des autobus, des automobiles; les dépendances sont reliées par un service de voiliers, de vapeurs, mais les voyages ne sont pas assez fréquents. Les prix des divers moyens de transports sont trop élevés; il serait indispensable de doter la Colonie de transports à bon marché, (chemins de fer et tramways électriques).

Les voies de communications intérieures consistent en routes coloniales (6.556 kilomètres de longueur), en chemins vicinaux (595 kilomètres). Les routes coloniales sont nombreuses, mais elles ne sont pas toujours bien entretenues. La principale est celle de la Pointe-à-Pitre à la Basse-Terre (64 kilomètres) en passant par Petit-Bourg, la Goyave, Sainte-Marie, Capesterre, Trois-Rivières, Dolé, Gourbeyre.

Le Congrès de l'outillage des colonies a demandé que l'outillage routier de la colonie soit amélioré et complété. Le réseau routier, difficile à entretenir tant par les conditions du climat tropical que par les nombreux accidents de terrains qu'il rencontre, aurait besoin d'une réfection presque totale.

Les 595 kilomètres de chemins vicinaux et de grande communication sont en particulier dans un état défectueux qui paralyse le transport des produits agricoles. Il serait également nécessaire de remplacer par des ouvrages définitifs, les ouvrages d'art provisoires.

Enfin, une voie de pénétration dans la région Sous-le-Vent est à créer; jusqu'à présent les trois communes de cette région riche de la côte ouest ne sont desservies que par la mer et une route à l'état de sentier.

Les relations avec l'extérieur sont assurées par les paquebots poste de la Compagnie Générale Transatlantique, les vapeurs de la Québec Line, Steamship Cy, de la Cleyde Steamship Cy, de la Windward Islands Line, de la Société Générale des Transports Maritimes à vapeur. La Compagnie des Messageries Maritimes vient d'organiser son service sur Tahiti et la Nouvelle Calédonie, via Panama; ses bateaux passent par la Guadeloupe et la Martinique, mais ne prennent malheureusement ni passagers, ni frets pour ces deux colonies. De plus, un grand nombre de voiliers viennent apporter à la colonie des cargaisons de charbon ou chargent nos sucres et nos rhums.

La Guadeloupe est en relations avec l'extérieur par la Compagnie Française des Câbles Télégraphiques, par la *Western India and Panama Télégraph C°*, par une station de T. S. F.; à l'intérieur toutes les communes sont reliées par le téléphone et les dépendances avec la Guadeloupe par des câbles de la Compagnie Française des Câbles.

CHAPITRE II

Productions naturelles - Mise en valeur

La Guadeloupe est certainement un des pays les plus fertiles du globe. Il est regrettable que l'on ne soit pas encore arrivé à mettre en valeur toutes les terres cultivables, elles sont dix-huit fois plus actives que celles de la France. 69.000 hectares seulement sont couverts de cultures diverses et, faute de capitaux, il reste 132.000 hectares que l'on pourrait mettre en valeur.

Le tableau suivant donne le résumé de la statistique agricole pour le nombre d'hectares cultivés et le nombre de cultivateurs.

Cultures	Nombre d'hect.	Nombre de cultiv.
Ananas	300	400
Cacao	5 200	16.000
Café	7.000	20.000
Canne à sucre	35.000	45.000
Coton	1.250	1.600
Campêche	1.200	»
Manioc	7.000	8.500
Roucou	70	100
Vanille	400	1.600
Vivres	12.000	16.000
	69.420	109.300

PRODUCTIONS FORESTIERES

Les deux tiers des montagnes de la Guadeloupe sont couvertes de grands bois, mais ils ne sont pas exploités, car il n'y a pas de route pour arriver à ces forêts qui restent vierges presque partout. Il y a des bois de toutes sortes, propres au charronnage, à la charpente, à l'ébénisterie ; il y a des essences, des matières tinctoriales, tannantes, résineuses, des produits oléagineux, aromatiques et médicinaux. La colonie n'a pas de régime forestier ; les arbres sont abattus sans qu'on pense à les remplacer. Aussi les arbres les plus beaux, les plus durs, les plus incorruptibles (tel le mahogany) sont-ils appelés à disparaître. Et la Guadeloupe, malgré sa richesse forestière, importe des Etats-Unis d'Amérique des quantités considérables de bois de construction. Les bois les plus répandus sont le balata, le bois noir, le poirier, l'acajou blanc, le courbaril, le bois de rose, l'acajou rouge, le noyer, le mancenillier, l'ébène vert, le bois de fer, le gommier, etc...

Les produits médicinaux sont innombrables et beaucoup de personnes dans les campagnes ont recours à ces plantes : le petit ipéca (purgatif), l'en bas feuille rouge (rétention d'urine et fièvres), le guéri-tout (émollient), le persil bâtard (diurétique), la quinine de Cayenne.

Les aromates et les épices poussent un peu partout : l'arbre à encens, le bois de rose, le cannelier, le vétiver, le muscadier, le bois d'inde avec les feuilles duquel on fabrique du Bay-Rum, le gombo musqué ou ambrette, le poivrier, le giroflier, le ylang, le gingembre.

Le roucouyer et l'indigo sont les deux plantes tinctoriales les plus répandues.

Les produits textiles et ligneux sont innombrables : le mahot, le balisier, le cotonnier, le fromager, l'aloès, la ramie, les lianes, le carata, de nombreux palmiers, le poirier sauvage, le figuier noir.

Les résineux sont aussi en grand nombre : le courbaril, le fromager, le mancenillier, l'arbre à pain, l'acajou dont la gomme est semblable à la gomme arabique, l'acacia, l'arbre à essence, etc., etc.

PRODUCTIONS AGRICOLES

Les principales cultures auxquelles on se livre à la Guadeloupe suivant leur étendue, leur rendement sont : la canne à sucre, le caféier (certaines personnes disent cafier), le cacaoyer (ou comme j'ai lu déjà le cacaotier), le vanillier, le cotonnier, le tabac, les vivres du pays et les plantes à fécules, les légumes, les fruits.

CANNE A SUCRE

La *canne à sucre* qui fut pendant longtemps la culture favorite de la Guadeloupe eut à subir la crise produite par l'extension de cette plante dans les pays mieux outillés, et surtout par l'accroissement de la betterave sucrière en Europe dès le premier Empire. Les colons s'adonnèrent à la fabrication du rhum et aux cultures secondaires. Dès le début de la guerre, la destruction de notre industrie sucrière du nord de la France et la difficulté de se procurer du sucre au dehors incitent le gouvernement à demander aux usiniers, aux agriculteurs, aux colons, de développer cette culture pour les besoins de la Défense nationale. De nombreuses distilleries furent construites (de 56 le nombre est passé à 84) et sans la loi des finances du 27 décembre 1922, dite du *contingentement*, la colonie aurait pu exporter en 1923 dix-neuf millions de litres de rhum. On a prévu pour l'année 1923 une production de 400.000 tonnes de cannes pouvant fournir 30.000 tonnes de sucre, 10.000.000 de litres de mélasse représentant 7.000.000 de litres de rhum.

Partout ce sont d'immenses plantations de cannes (Morne à l'eau, Petit-Canal, Port-Louis, Moule, Sainte-Anne, Saint-François). Mais c'est surtout à la Grande-Terre que se trouvent les plus belles plantations de cannes, et quelques-unes aussi à la Guadeloupe proprement dite du côté de Sainte-Rose, le Petit-Bourg, le Lamentin.

La culture de la canne exige des conditions particulières de terrain et de climat. Sol riche, moyennement humide, altitude maximum 800 mètres, température moyenne 23°.

La canne épuisant rapidement le sol, il est nécessaire de l'enrichir par des fumiers ou engrais minéraux et des guanos. En outre, les labours, plantations, sarclage, épaillage, récolte, doivent être faits avec soin et en bonne saison.

On cultive à la Guadeloupe plusieurs espèces de cannes : la canne blanche et la canne rubanée de Tahiti, la canne acide, la canne violette, la canne noire, la canne Salanga. La récolte commence à la mi-janvier et dure jusqu'en juin. La canne détachée du sol est coupée en tronçons de 80 centimètres, lesquels sont réunis en paquets qu'on attache avec les feuilles, ces tronçons sont disposés dans des charrettes à bœufs ou à mulets qui les transportent à l'usine ou à la distillerie.

Le déboisement nécessité par la culture de la canne à sucre a restreint la superficie des terres à café et à cacao. Néanmoins, les cultures secondaires de longue haleine prennent chaque jour une extension croissante, grâce à l'apport de capitaux fournis par des sociétés métropolitaines.

CAFÉIER

Le *caféier* est la plante dont la culture est la plus répandue après la canne, culture facile, mais lente. Il faut huit ou dix ans pour qu'une plantation soit en plein rapport, mais elle est de longue durée; il y a dans l'île des plantations qui, dit-on, sont plus que centenaires.

Le café de la Guadeloupe, originaire de l'Arabie, est connu sur le marché sous le nom « café bonifieur fin vert ». On cultive également le caféier moka, le caféier Bourbon, le caféier de Libéria, commun, mais utilisé comme porte-greffe, permettant d'utiliser des terrains moins favorables, enfin, le café d'Abyssinie, introduit à la colonie à la fin du XIX° siècle et dont les excellents résultats l'ont mis rapidement sur pied d'égalité avec le café d'Arabie.

Pour débarrasser la graine de la parche, le bonifieur est passé dans des pilons actionnés par des roues hydrauliques, tandis que l'habitant est passé dans des pilons à bras d'hommes. L'habitant a une valeur marchande moindre que le bonifieur, car il reste sur la fève du café habitant une pellicule grisâtre, mais les deux cafés ont le même arome.

L'hectare de café peut rapporter de 2 à 3.000 francs.

La moyenne des exportations des trois dernières années est de 600.174 kilos.

CACAOYER

Cultivée dans l'île de longue date — suivant le P. Labat, depuis 1660 — le *cacaoyer*, dont la culture est facile et lucrative, prend sous ce climat favorable une extension que favorise l'apport de capitaux dont nous avons déjà parlé.

Le cacaoyer prospère dans les régions équatoriales chaudes et humides et les terrains alluvionnaires abrités, à une altitude ne dépassant pas 500 mètres, une humidité suffisante et constante, une température moyenne de 24 0/0 lui sont nécessaires. On peut compter 500 plantes à l'hectare fournissant 2 kilos par plante.

si réputées *des Isles* dont la plus fine est la *Crème de Monbin*.

Durant les trois dernières années, la moyenne de l'exportation a été de 951.191 kilos.

VANILLIER

Le *vanillier* est originaire du Mexique méridional; rare et précieux il prit beaucoup d'extension.

La découverte de la vanilline artificielle ou synthétique, d'un prix de revient très bon

Une cocoteraie aux Vieux-Habitants.

Il existe de nombreuses variétés de cacaoyers, celle qui est la plus répandue à la Guadeloupe est la *criollo* (créole) ou cacaoyer caraque, dont les gousses sont jaunes, petites et riches de nombreuses graines.

L'amande ou fève de cacao contient de 1 à 2 0/0 de théobromine, le cacao et le chocolat sont obtenus par torréfaction de la graine. La Guadeloupe possède quelques chocolateries d'assez faible production.

Avec la pulpe qui enveloppe des graines, on prépare un excellent vinaigre et une huile qui, en se refroidissant donne *le beurre de cacao*. C'est avec le fruit du cacaoyer que l'on fabrique cette délicieuse liqueur des Iles, *la Crème de cacao*, ainsi que celle des liqueurs

marché, avait porté atteinte à la vanille coloniale, mais la grande consommation et aujourd'hui les hauts prix laissent encore un large débouché à la vanille naturelle devenue produit de luxe.

C'est une plante grimpante que l'on cultive aujourd'hui en plantations régulières, particulièrement en employant les caféiers comme supports.

La vanille est constituée par le fruit, avant déhiscence, qui est une capsule de 10 à 12 centimètres.

La culture est facile quoique demandant quelques soins. Il faut choisir un terrain riche et frais, ombragé et abrité, ainsi qu'une certaine humidité de l'air et une température moyenne de 24°. La culture se fait par bouturage ; on récolte en général vers la deuxième ou troisième année et la durée moyenne de la plante est de dix années. On peut compter sur un rendement de 200 kilos à l'hectare.

L'odeur caractéristique du fruit se développe par la fermentation qui exige une préparation minutieuse faite aujourd'hui scientifiquement.

La préparation de la vanille est des plus faciles ; la plus usuelle consiste à plonger les gousses pendant vingt secondes dans une eau chauffée à 90°, de les faire ensuite égoutter. On les expose alors au soleil durant deux ou trois heures, en les enveloppant dans des couvertures de laine ; on les enroule dans ces couvertures qu'on laisse durant un jour dans des caisses, on les met ensuite au soleil pendant cinq ou six jours, — on fait « suer » la vanille — une fois que les gousses sont sèches et ont la teinte brune, on les passe au séchoir, à l'ombre recouvertes d'une étoffe de laine ; elles restent ainsi pendant un mois environ.

On a exporté en moyenne durant ces trois dernières années 24.718 kilos de vanille.

La Guadeloupe exporte également le vanillon, gousse d'une espèce particulière à l'Amérique tropicale, caractérisée par une vigueur plus grande de l'arbuste. On l'utilise non comme condiment mais en parfumerie par sa richesse en héliotropine.

On nomme aussi « vanillon » les qualités inférieures de vanille vraie.

COTONNIER

Le *cotonnier* poussait en abondance autrefois à la Guadeloupe, surtout l'espèce dite longue-soie. Les Dépendances (Désirade, Saintes, Saint-Barthélémy, Saint-Martin, les Vieux-Habitants) produisaient un coton fort apprécié en France — l'exportation s'élevait jusqu'à 2.000 livres. — Puis on négligea le cotonnier pour planter de la canne ; on commence à reprendre cette culture. Une société métropolitaine dite la *Société Cotonnière de la Désirade*, s'est établie dans la dépendance et a créé une usine. La *Société Coloniale de cotons et fibres textiles*, qui a des exploitations en Guyane, vient d'envoyer à la Guadeloupe un ingénieur ; il a parcouru surtout les dépendances, et il est heureux de ses constatations ; il a la conviction que l'industrie cotonnière peut reprendre en Guadeloupe.

TABAC

Le *tabac* est originaire des Antilles. Son produit s'appelait *petun* et représentait la monnaie au début de la colonisation. Il céda la place lui aussi à la canne à sucre. Il n'a jamais été suffisamment cultivé pour pouvoir être exporté, et pourtant le tabac de la Guadeloupe a un arome qui vaut celui du tabac de la Havane. On a repris dans certains centres (Petit-Bourg, Lamentin, Baie-Mahault) la culture du tabac : deux manufactures se sont installées ; si l'administration locale encourageait cette culture et cette industrie, le tabac de la Guadeloupe retrouverait sur les marchés métropolitains la place qu'il mérite et qu'il y occupait jadis.

DIVERS

Le *roucouyer* fit jadis la fortune de plusieurs agriculteurs, mais la découverte des couleurs d'aniline porta un rude coup à ce produit qui s'offrait si facilement et en si grande abondance, puisque l'on fait deux récoltes par an.

L'*indigo*, comme *le ricin* et beaucoup d'autres plantes, pousse à l'état sauvage dans toute l'île, mais il pourrait rapporter beaucoup si on l'exploitait d'une façon sérieuse.

Non seulement *le manioc*, mais toutes les racines alimentaires, telles que l'*igname*, *la patate*, *le malanga*, *le madère*, *le cous-cous* qui forment la base de la nourriture journalière, se trouvent dans l'île. On peut ajouter à ces vivres *l'arbre à pain* et le *bananier* qui rapportent toute l'année. Le manioc est la plante alimentaire par excellence, elle fournit la *farine de manioc* (cassave) qui remplace le pain pour les cultivateurs et les pauvres. Sa culture est des plus faciles, il rapporte en abondance. Un hectare planté en manioc fournit un rendement de 4.000 kilos et donne un revenu de 600 francs pour la *farine seule*. De sa racine, on extrait la *moussache*, fécule qui remplace l'amidon pour empeser les vêtements et qui sert à préparer des pâtisseries excellentes. L'on pourrait installer à la Guadeloupe des usines pour tirer du manioc le *tapioca* et la *glucose* que l'on exporterait.

LÉGUMES ET FRUITS

La *pomme de terre* pousse dans les terrains sablonneux, et dans toutes les terres, les *haricots*, les différentes espèces de pois, les *pois de bois* ou d'*Angole*, les *choux*, les *raves*, les *navets*, les *concombres*, les *citrouilles*, les *melons* plus parfumés que ceux de la France, les *artichauds* et les *asperges* viennent dans les endroits frais, au Matouba par exemple.

Quant aux fruits de la Guadeloupe, ils sont très nombreux, bien que les arbres restent sans aucun soin, mais ils gagnent, comme tous les fruits du reste, à être mangés sur place : *la mangue* avec ses vingt variétés, *la sapotille, l'ananas, l'avocat, la barbadine, la pomme cannelle, la pomme de Cythère, les oranges, les cerises, l'abricot, la goyave, les prunes, la pomme de liane, le letchi, la grenade, le mombin* avec lequel on distille un liqueur égale en arome et en finesse à celles de la Métropole, etc.

Le commerce des fruits de la Guadeloupe est en progrès sensible. L'exportation se fait déjà en bananes, noix de coco et ananas crus ou confits. Le Gouvernement favorise l'extension de la culture du citronnier et de celle du cocotier dans le but d'augmenter les facilités d'exportation de la colonie et de parer aux inconvénients résultant du « contingentement » du rhum.

On fait avec tous ces fruits des glaces et surtout des confitures exquises que l'on n'exporte pas en grande quantité. Si les Compagnies de navigation pouvaient mettre, à la disposition des planteurs, des frigorifiques, on ferait un commerce très rémunérateur avec la France — déjà une Société s'est constituée « *La Banana* » pour l'exportation des *bananes-figues* — et elle réussira si elle est secondée pour les transports jusqu'en France.

De ces fruits si parfumés et si juteux, on peut tirer des vins et des alcools (ananas, corossol, banane, citron, acajou). L'on a tort de ne pas s'adonner à cette industrie, et c'est toujours le manque de capitaux, et il faut aussi le dire la crainte de ne pas produire une quantité suffisante pour l'exportation, qui empêche la Guadeloupe de tirer parti de toutes les richesses qu'elle renferme.

PRODUCTIONS ANIMALES

La plupart des espèces d'animaux qui se trouvaient dans l'île aux premiers temps de la colonisation ont disparu.

On ne cite guère maintenant parmi les mammifères que le racoon, l'agouti, la chauve-souris et la mangouste. Le racoon ou rakoon, plantigrade de l'Amérique du Nord, sorte de raton qui atteint parfois la taille d'un renard. Introduit à la colonie depuis peu, il s'est bien acclimaté dans toute l'île.

Omnivore, il s'attaque aux volailles, aux arbres fruitiers, à la canne à sucre. C'est donc un voisin malfaisant.

L'agouti, né dans la colonie, est de l'espèce des rongeurs; il a la taille d'un gros lapin. Facilement domesticable, il donne une chair de bon goût.

Les chauves-souris très nombreuses sont les ennemies des fruitiers.

La mangouste destructrice de rats s'est multipliée de telle sorte qu'aujourd'hui, faute de rats, elle s'attaque aux agoutis et aux petits animaux utiles ou inoffensifs.

Les oiseaux, au plumage varié, sont nombreux : le ramier, la perdrix, la tourterelle, la grive, l'ortolan, le colibri et parmi les oiseaux aquatiques le flamant, la frégate, le pélican, la mouette. Les eaux de la Guadeloupe sont très poissonneuses (thon, tazar, capitaine, maquereau, vieille, vivaneau, sardine dorée, balaou, carangue, coulirou, grand'gueule, dorade, raie, brochet, etc.).

Une pêcherie moderne et une usine de conserves de poissons seraient certaines de réaliser de gros bénéfices. Dans les rivières, on pêche des écrevisses énormes dont la chair est très délicate : *le ouassou* ; le homard abonde sur toutes les côtes de la Guadeloupe, ainsi que la langouste.

Les différentes espèces d'animaux de trait et de bétail comprenaient d'après des statistiques de 1915 :

Anes	4.000
Béliers et moutons. . . .	11.500
Boucs et chèvres	16.900
Chevaux	8.500
Porcs	51.000
Mulets	3.600
Taureaux et bœufs . .	13.500
Vaches	12.000
	121.000

PRODUCTIONS MINERALES

Le sous-sol de la Guadeloupe est très riche, mais inexploré. Il y a des carrières de pouzzolane qui, mieux exploité, pourrait remplacer le ciment que l'on fait venir à grands frais de l'étranger. A Sainte-Anne, il y a de vastes carrières de pierres de taille très tendres qui peuvent être découpées à la scie aussitôt après leur extraction, et qui deviennent quelques jours après leur extraction dures comme du granit. Les solfatares ne sont pas exploités, on y trouve de la lave, du basalte, de l'ocre, de l'argile, etc. Sur presque tous les rivages il y a en abondance du sable riche en oxyde de fer. A Saint-Barthélemy, on trouve d'immenses carrières de kaolin et dans plusieurs autres régions, avec des recherches sérieuses, on pourrait peut-être découvrir des mines de pétrole, comme il en existe non loin de l'île, à la Trinidad.

Il y a des mines de zinc et de plomb à Saint-Barthélémy, non exploitées, toujours faute de capitaux.

l'outillage de ces fabriques est plutôt ancien et le rendement n'atteint pas son maximum comme à Cuba et à Porto-Rico, malgré les progrès sensibles et les sacrifices que consentent les sociétés sucrières, qui, toutefois, il ne faut pas le nier, sont peu à peu récompensées de leurs efforts.

Certaines usines envoient les sirops préparés aux distillateurs de la Martinique qui vendent le rhum obtenu sous le nom de « rhum-Mar-

SAINT-BARTHÉLÉMY. — Vue de Gustavea.

A Saint-Martin, il y a de nombreuses salines qui ne sont pas toutes exploitées, la production de sel est d'environ 40 à 50.000 barils par an. Une Société franco-hollandaise exploite les salines de la partie française de l'île.

La colonie est, nous l'avons déjà vu, très riche en eaux minérales sulfureuses, salines ou ferrugineuses, mais elles ne sont presque pas exploitées.

INDUSTRIE

La principale industrie de la colonie est la fabrication du sucre et du rhum (13 usines et 84 distilleries pour le rhum seul). Mais

timique ». Quant au rhum-Guadeloupe il est de bonne qualité marchande et tiendra facilement une excellente place sur le marché, dès que les distilleries possèderont le matériel perfectionné nécessaire ainsi que les réserves suffisantes pour avoir du rhum vieux.

En fait, il y a loin entre le rhum « industriel » et le rhum produit par les petites entreprises privées par la distillation directe du jus de la canne (vesou), lequel possède un arome très particulier, mais n'est pas produit en quantité suffisante pour permettre l'exportation. Le consommateur étranger ne connaît que le produit des grandes distilleries.

Le « tafia » résulte de la distillation des sirops et mélasses obtenus par la cuisson de ce vesou ; le vrai rhum d'usine est un tafia plus ou moins vieilli en fûts.

Le rhum « industriel », plus rémunérateur par suite d'une distillation plus complète, contient par cela même des alcools inférieurs qui ne donneront pas le bouquet du rhum d'habitant. Encore ce produit colonial est-il excellent comparé à certains rhums de naissance métropolitaine.

Il y a des chocolateries qui exportent fort

Dans plusieurs communes et aux Saintes, et à la Désirade, on fabrique de la chaux avec les coquilles et les madrépores qui abondent dans les mers.

Citons encore quelques fonderies, poteries, des chafourneries. Ces industries — à part celle du rhum et du sucre — se font sur une petite échelle ; elles se développent, il est vrai, chaque jour, mais les produits ne sont pas assez considérables pour qu'on en fasse de l'exportation, et pourtant, il suffirait de quel-

LES SAINTES. — Terre de Haut.

peu, leur fabrication suffisant à peine à la consommation locale.

Plusieurs tanneries fonctionnent régulièrement et donnent de fort beaux cuirs.

Il y a aussi des fabriques de conserves (ananas surtout) et de confitures de fruits, de Bay-Rum (essences de bois d'Inde), de tabacs et de cigarettes, de liqueurs, de jus concentré et d'essences de citrons. Deux vinaigreries et une fabrique de pâtes alimentaires viennent d'être créées à la Pointe-à-Pitre, aux Vieux-Habitants, une savonnerie importante fabrique des savons à l'huile de coco, au bayrum, au beurre de cacao, et à la Pointe-à-Pitre, une petite usine fabrique (avec une terre du pays) des tuiles, des briques, des potiches.

ques capitaux pour créer partout des industries qui rapporteraient ; la matière première est considérable sur place. Ainsi on pourrait installer à peu de frais une fabrique de papiers, les matières fibreuses ne manquant pas.

DOUANES, DOMAINES, IMPOTS

TAXES

La Guadeloupe (article 3 de la loi du 11 janvier 1892) est soumise au tarif des douanes métropolitaines. Les marchandises introduites dans la colonie acquittent les mêmes droits que si on les importait en France, sauf quelques-unes qui sont prévues à un tarif spécial.

Une avenante royale en date du 31 décembre 1828 a établi dans les colonies des Antilles et à la Guyane la perception des droits d'Enregistrement; les receveurs de l'Enregistrement sont chargés des recettes, perceptions et attributions appartenant en France aux receveurs de l'Enregistrement et des Domaines. De plus, ils sont chargés, outre la perception des droits d'Enregistrement et de taxes spéciales de la régie des propriétés domaniales, de la perception de l'impôt du timbre, de la conservation des hypothèques — de la curatelle aux successions de biens vacants, de l'administration des biens des Congrégations religieuses dissoutes, des biens des établissements publics du Culte.

La loi du 16 mars 1922 a déterminé le régime forestier de la Guadeloupe. Un règlement délibéré par le Conseil général, à sanctionner par un décret, doit fixer le régime des eaux et forêts auquel sera soumise la colonie. Jusqu'à nos jours, des concessions forestières étaient accordées par le gouverneur à titre provisoire pendant trois ans, puis à titre définitif, mais ce système n'a pas donné les résultats auxquels on s'attendait.

C'est le Conseil général qui vote les impôts et les taxes; des décrets rendus sur avis du Conseil d'Etat les rendent exécutoires.

Le taux de la contribution foncière est de 7 fr. 50 pour 100 des trois quarts de la valeur locative des propriétés urbaines et de celles qui leur sont assimilées sans distinction de localités, 1 fr. 50 par hectare pour toute propriété de plus de 5 hectares propre à la culture et non cultivée ou livrée à des cultures autres que celles du caféier, du cacaoyer, du cotonnier, du vanillier, sur toutes les surfaces en bois ou forêt non exploitées. Il y a aussi un droit de statistique de 0 fr. 35 par hectare sur les réserves de terrains boisés imposées aux propriétaires par décisions administratives régulières.

Les patentes varient suivant l'importance de l'industrie, du commerce ou de la profession. C'est ainsi que les avocats et les avoués de première classe payaient 300 francs, les docteurs de la même classe 500 francs, mais ces patentes, depuis 1923, ont été considérablement augmentées. A ces impôts viennent s'ajouter des centimes additionnels votés par les communes; les taxes sur les pianos, les voitures suspendues, les automobiles, sur les biens de main-morte, l'impôt général sur les revenus, sont appliqués dans la colonie. En ces temps derniers, le Conseil général a imposé les phonographes, et ces appareils sont nombreux.

Des droits de sortie fixés par le Conseil général frappent le sucre, le café, le cacao, la vanille, le vanillon, le rhum et tafia, à l'exportation, en représentation de l'impôt foncier. Le droit sur le rhum et tafia est perçu par hectolitre de liquide, quelle que soit sa densité; il frappe aussi les alcools livrés aux équipages de la marine militaire pour leur consommation réglementaire.

CHAPITRE III

Commerce - Navigation - Tourisme

MOUVEMENT COMMERCIAL

COMMERCE — NAVIGATION — TOURISME

Presque tout le mouvement commercial se fait par le port de la Pointe-à-Pitre, parfois par le port de Basse-Terre ; les autres ports, Moule, Saint-François, Sainte-Anne, Grand-Bourg (Marie-Galante) ne sont pas ouverts au commerce étranger : ils ne reçoivent que des caboteurs. Les importations se font par la France, par l'Angleterre (les tissus de coton principalement), les Etats-Unis. La Guadeloupe importe de France : des conserves de viandes, du beurre, des oignons, des aulx, du fromage, des vivres, des légumes, des fers en barres, des tôles galvanisées, des engrais chimiques, de la parfumerie, des savons, du papier, des chaussures, des bijoux, des machines, des meubles, des chapeaux de paille, de feutre, des automobiles, des tissus de coton, de soie et de laine, etc...

Des Etats-Unis d'Amérique : des viandes salées, des graisses, de l'avoine, de la farine de froment, du riz, du tabac en feuilles, des bois de construction, du ciment, des huiles de pétrole et des huiles lourdes, de la houille, des futailles vides, des allumettes, de la gazoline, des automobiles, des morues, du riz, du savon.

Des Antilles hollandaises : des engrais de mouton et du sel marin ; elle reçoit aussi du sel de la partie française de Saint-Martin.

Les exportations consistent dans la production agricole : sucre d'usine, rhum et tafia, mélasse, café, cacao, roucou, noix de coco, vanille, vanillon, coton, campêche, peaux, cire, confitures, huiles de bois d'Inde, etc., etc...

Les trois tableaux suivants donnent une idée exacte des exportations des trois dernières années et des quantités de rhum fabriquées et consommées dans la colonie :

1° Etat des denrées du cru de la Guadeloupe exportées pendant les années 1919-1920-1921 :

	1919
Sucre	19.345.000 kil.
Mélasses	500.706 lit.
Rhums et tafias	19.565.832 lit.
Café	313.894 kil.
Cacao	930.183 kil.
Roucou	19.136 kil.
Campêche	683.479 kil.
Vanille	17.747 kil.
Coton	1.536 kil.

	1920
Sucre	23.616.171 kil.
Mélasses	56.518 lit.
Rhums et tafias	16.615.518 lit.
Café	798.309 kil.
Cacao	1.207.709 kil.
Roucou	28.137 kil.
Campêche	678.487 kil.
Vanille	23.783 kil.
Coton	5.475 kil.

	1921
Sucre	25.426.290 kil.
Mélasses	14 lit.
Rhums et tafias	9.054.063 lit.
Café	668.319 kil.
Cacao	715.661 kil.
Roucou	24.490 kil.
Campêche	95.000 kil.
Vanille	32.546 kil.
Coton	7.953 kil.

2° Etat des produits du cru, d'après la balance commerciale, exportées pendant les années :

	1919	1920	1921
	kil.	kil.	kil.
Peaux brutes	15.411	27.048	19.543
Cire	208	267	10
Bananes	»	20	3.342
Confitures	15.705	47.125	27.306
Huile de ricin	34	»	38
Jus de citron	2.776	710	»
Ignames	»	112	443
Miel	11.125	7.010	7.336

	1919
Quant. de rhums fabriquées	16.772.935 lit.
— — consommées	2.376.946 lit.
— — liqueurs imp.	18.010 lit.

	1920
Quant. de rhums fabriquées	19.188.058 lit.
— — consommées	2.269.275 lit.
— — liqueurs imp.	24.064 lit.

	1921
Quant. de rhums fabriquées	11.608.591 lit.
— — consommées	2.247.325 lit.
— — liqueurs imp.	21.107 lit.

Le mouvement du commerce général de la Guadeloupe et Dépendances pendant les années 1914 à 1920 est le suivant :

Années	Importations	Exportations	Totaux
1914	17.541.368	26.187.172	43.728.540
1915	19.610.942	26.712.230	46.323.172
1916	24.955.213	42.205.589	67.160.802
1917	39.511.206	50.558.872	90.070.078
1918	39.696.055	51.070.824	90.766.879
1919	63.844.241	103.628.520	167.472.761
1920	117.858.064	146.389.180	264.247.244

Durant le quatrième trimestre de l'année 1922, le mouvement du commerce de notre colonie est représenté par la somme globale de 33.209.876 francs, en augmentation de 448.868 francs par rapport au quatrième trimestre 1921.

La plus-value intéresse exclusivement les importations de France, dont la part se chiffre par 15.710.377 francs sur un total de 25.790.478 francs, et des colonies françaises, les denrées les plus favorisées étant les viandes salées de bœuf, le saindoux, le riz et la houille.

Quant aux exportations, elles sont en diminution; parmi les produits les plus atteints, on note les rhums et les sucres; toutefois il convient d'observer que les sucres de la campagne de 1922 vendus dans la Métropole avaient été expédiés avant le 30 septembre.

Les noix de coco, la vanille et le vanillon, le campêche, le roucou, le jus de citron, le coton et surtout le cacao en fèves sont en progression.

La part de la France dans les exportations est de 7.031.207 francs sur un total de 7.419.398 francs.

Enfin le commerce total de la Guadeloupe pendant l'année 1922 s'est élevé à une valeur de 156.607.500 francs, en augmentation de 3.016.130 francs sur 1921.

A la Basse-Terre et à la Pointe-à-Pitre se trouve une chambre de commerce dont les membres (neuf pour Basse-Terre et douze pour Pointe-à-Pitre) sont nommés au scrutin, les électeurs étant choisis parmi les commerçants payant un certain chiffre comme patente. Le gouverneur consulte chacune de ces chambres sur les intérêts commerciaux et industriels. Elles ont le droit de signaler à l'administration supérieure les moyens qu'elles estiment favorables au développement de l'industrie et du commerce sur les modifications à apporter à l'exportation commerciale (tarifs douaniers, octrois, patentes), sur les travaux d'utilité publique à exécuter (ports, routes, etc.), sur l'organisation des services publics.

Il y a aussi trois chambres d'agriculture (Basse-Terre, Pointe-à-Pitre, Grand-Bourg de Marie-Galante) instituées par arrêté du 8 novembre 1852 et reconstituées sur des bases plus en harmonie avec le droit actuel, par arrêté du 14 février 1889. Chaque chambre est composée de membres titulaires et de membres correspondants.

MARINE MARCHANDE

Pour l'année 1905 le mouvement de la navigation se décompose ainsi :

336 navires français à l'entrée et à la sortie jaugeant 235.235 tonnes;

334 navires étrangers jaugeant 400.354 tonnes.

COMMERCE LOCAL

Le commerce local se divise en deux catégories : le commerce en gros, et le commerce en détail. Les commerçants en gros sont ceux qui reçoivent les marchandises directement ou par l'intermédiaire de commissionnaires et les vendent aux petits commerçants avec un certain bénéfice; les opérations se font sur factures libres à 30 jours ou sur traites à 45, 60, 90 jours. Les commerçants en détail s'approvisionnent sur place et vendent aux consommateurs.

Il y a trois banques à la Guadeloupe, dont une privilégiée qui, il faut le dire, ne facilite pas assez les petits, tandis que les gros négociants, qui sont souvent ses administrateurs, ont toutes les facilités et toutes les faveurs. La *Banque Auxiliaire Coloniale*, de fondation récente, effectue les mêmes opérations que la *Banque de la Guadeloupe* et en outre celles qui sont interdites à cette banque privilégiée par ses statuts. La *Royal Bank of Canada* font les mêmes opérations que les deux précédentes et a été très prospère au début de sa fondation. Elles ont toutes les trois une succursale à la Basse-Terre.

Il y a en plus une *Caisse Coopérative de Prêts* qui vient en aide aux petits, mais qui réclame à ses clients 12 0/0 d'intérêts puisqu'elle est obligée de réescompter ses billets dans les autres banques.

Des *Caisses de crédit agricole* fonctionnent dans presque toutes les communes, et une *Caisse régionale* a été organisée récemment à la Pointe-à-Pitre.

LA MAIN-D'ŒUVRE

Le travail a été pendant longtemps régi aux Colonies d'après des règles plus rigoureuses qu'en France (décret du 13 février 1852) dont l'article 10 contraignait la population ouvrière des campagnes et les domestiques à contracter un engagement d'au moins un an et à se pourvoir d'un livret; ce sont des restes de l'esclavage. Aujourd'hui et depuis longtemps ces entraves ont disparu et le travailleur est libre de se livrer au travail qui est le plus conforme à ses goûts. Un certain nombre de travailleurs des champs, par un labeur incessant, sont arrivés à acheter un lopin de terre qu'ils cultivent pour leur propre compte, mais comme la culture de la canne est la plus répandue, on estime qu'elle absorbe 45.000 travailleurs environ, dont 1/3 de femmes; l'usine les emploie comme journaliers ou comme colons partiaires. De nos jours — depuis le haut prix des sucres et des rhums — les journaliers gagnent 5 à 6 francs, pour les hommes; 3 à 4 francs pour les femmes; 2 à 3 francs pour les enfants; les journées étaient payées autrefois aux hommes de 1 franc à 1 fr. 25. Les bras ne manquent pas, mais les conditions, faites aux travailleurs de la terre surtout, ne sont pas assez larges, assez humanitaires; dans les fabriques, dans la charpente, la maçonnerie, la forge, etc.; la main-d'œuvre est mieux rétribuée; ordinairement l'ouvrier guadeloupéen ne manque pas d'habileté, mais on ne fait pas assez son éducation.

Les livres I et II du Code de travail ont été promulgués dans la Colonie par arrêté du 17 novembre 1913, et l'inspection du travail a été organisée, mais ne donne pas les mêmes résultats que dans la Métropole.

LA VIE A LA GUADELOUPE

Il y a peu de pays au monde où l'hospitalité soit aussi large, aussi cordiale qu'à la Guadeloupe. On est accueilli à bras ouverts, la maison de votre hôte devient la vôtre, vous êtes reçu comme si vous étiez de la famille. M. Henri Béranger, le sénateur de cette colonie si accueillante a eu raison d'écrire « les habitants sont restés ceux qu'on appelait, au XVIIIe siècle, les *bonnes gens* de la Guadeloupe (par opposition aux *Messieurs* de la Martinique et aux *Seigneurs* de Saint-Dominique), aimables, sociables, accueillants et confiants, portant dans leur sourire facile et leurs yeux pétillants la même générosité spontanée que la verdure et le ciel natal. » Avant les événements de 1914-1918 qui ont bouleversé le globe, la Guadeloupe était une des terres où la vie était la moins chère, la plus facile : « On n'y meurt jamais de faim ni de froid », dit-on communément. Dans les deux villes principales, dans toutes les communes, le marché est largement approvisionné, on y trouve tous les vivres du pays, des fruits variés, des légumes, et à Saint-Claude et au Matouba poussent ceux de France (asperges, artichauts, choux de Bruxelles, choux-fleurs). Avant la guerre, la viande de boucherie se vendait de 0 fr. 90 à 1 franc la livre, le mouton 0 fr. 80, la volaille 2 francs à 2 fr. 25, une dinde 10 francs; le lait, le poisson, les œufs sont en abondance.

La guerre a changé quelque peu les conditions de la vie; si les logements sont rares et se payent chers — la crise du logement est mondiale — si les vêtements, les objets de consommation ont augmenté dans de fortes proportions, on vit à moins de frais à la Guadeloupe que partout ailleurs.

Le meilleur moment pour arriver dans la colonie est fin octobre ou commencement novembre. La saison est agréable, les nuits sont très fraîches et cela jusqu'en avril ou mai. Durant les mois de chaleur, on va — comme on dit là-bas — « en changement d'air » sur les hauteurs du Petit-Bourg, de la Goyave ou aux « ilets », situés dans la rade calme et tranquille de la Pointe-à-Pitre, ou au Matouba, à Saint-Claude, même aux Saintes qui, depuis quelques années, reçoivent de nombreux visiteurs qui y séjournent durant les mois de juillet, août et septembre. L'Européen s'acclimate vite et facilement à la Guadeloupe et y vit en parfaite santé, à condition qu'il ne fasse d'excès d'aucun genre.

TOURISME

Depuis quelques années, la Guadeloupe naît au tourisme, et cela grâce à la propagande active et intelligente menée par le docteur André Pichon, médecin des troupes coloniales. Il nous est agréable de rendre ici un public hommage à ce bon Français, qui après avoir passé plusieurs années dans l'île comme chef de Service de Santé, y prit sa retraite, s'y installa, créa la *Guadeloupéenne*, association pour le développement du tourisme, fit construire l'*Hôtel de Dolé-les-Bains*, l'*Hôtel des Antilles* à la Pointe-à-Pitre, et se consacra tout entier à faire connaître et aimer la Guadeloupe. Une mort tragique, survenue en janvier 1923, — un canot qui chavire à quelques mètres du rivage et le malheureux docteur, pris dans la voiture, se noie — a interrompu son œuvre si avancée. Mais cette œuvre restera; déjà de nombreux touristes, des chargés de missions officielles parcourent la Guadeloupe, une Société « filme », en ce moment (septembre 1923), les plus beaux paysages, les sites merveilleux de l'île.

Nous ne saurions mieux faire, pour donner une idée exacte de la Guadeloupe touristique, que de reproduire cet article si documenté du regretté docteur Pichon, publié en juillet 1918, par la revue *la Guadeloupéenne*, qu'il dirigeait et rédigeait; il fera connaître en détail, les beautés de l'*Ile d'Emeraude*, en même temps que ses possibilités touristiques.

La Guadeloupe touristique

Les principales attractions naturelles qui permettent et favorisent le développement du tourisme dans un pays sont : les beaux sites, un bon climat et des ressources balnéaires (plages et eaux thermo-minérales) ; on peut y joindre les curiosités et en particulier les monuments archéologiques et historiques.

Or, que nous offre la Guadeloupe à cet égard?

La Guadeloupe est extrêmement riche en beautés naturelles et en sites pittoresques, groupés sur l'espace restreint que représente sa superficie réduite, et quand on parcourt ses routes, on est ébloui par une succession presque ininterrompue de paysages pleins de charmes.

Citons les points les plus intéressants que peut visiter rapidement un touriste de passage.

En arrivant, et avant même de débarquer, il aura l'agréable surprise d'admirer, sous un ciel du bleu le plus pur, la merveilleuse rade de Pointe-à-Pitre, avec sa clôture d'îlots rustiques, ses bords déchiquetés et mamelonnés, garnie d'une végétation touffue, la ville avec sa bordure de maisons blanches et d'un autre côté, dans le lointain, une chaîne de montagnes vaporeuses, teintées de gris, de mauve ou de vert, tout cela se reflétant, en un miroitement chatoyant, dans l'azur à peine ridé des eaux toujours calmes de cette rade hospitalière.

Après lui avoir fait parcourir la ville, où il sera frappé par la clarté, la largeur et la régularité des rues et des avenues, et par l'animation bigarrée et la saine gaieté de la foule, dans les rues et surtout sur la place du marché, on devra conduire notre voyageur sur la route du Gosier, de Sainte-Anne et de Saint-François. Cette route, en beaucoup d'endroits, suit en corniche la côte aux multiples découpures et aux petites baies délicieusement ombragées; on s'arrête, en passant, sur l'incomparable plage du Gosier, en face d'un élégant îlot, puis on traverse une région de plaines agrémentées de bosquets et l'on gravit des collines boisées, d'où l'on domine une contrée accidentée aux aspects à la fois sauvages et gracieux et d'où la vue s'étend, au loin, sur l'océan. Après un arrêt sur la belle plage de Sainte-Anne, ce sont de vastes plantations de canne à sucre, puis le bourg de Saint-François et l'on peut, en continuant en voiture ou à cheval, aller jusqu'à la Pointe des Châteaux, curieuse par ses énormes rochers aux formes étranges, constamment battue par les flots d'une mer agitée.

Si l'on ne dispose que de peu de journées, il faut revenir en passant par le Moule, mais il vaut mieux, dans ce cas, aller d'abord de Pointe-à-Pitre au Moule et de là à Saint-François, puis revenir directement à Pointe-à-Pitre, cette dernière partie de la route se présentant sous des aspects très différents et plus beaux encore que lorsqu'on la parcourt en sens inverse, de Pointe-à-Pitre à Saint-François, comme nous l'avons décrite plus haut.

La route qui conduit de Pointe-à-Pitre au Moule, traverse des plaines immenses couvertes de champs de canne à sucre et parsemées de bosquets et de mamelons verdoyants ou entrecoupées de petites chaînes de collines boisées.

Avant d'arriver au Moule, la route longe la mer, passant à travers une forêt d'arbustes maritimes; on s'arrête près du bourg pour admirer la Grande Baie, véritable lac, avec un fond de sable fin et où l'on a pied partout; cela forme une des plages les plus belles et les plus curieuses que l'on puisse voir dans le monde.

D'agréables excursions permettront au touriste de se rendre à des endroits de la côte, célèbres par leurs rochers aux formes impressionnantes, les Portes d'Enfer.

Il pourra également se rendre, en automobile, dans la région des plateaux ou des hauteurs de la Baie-Mahault et du Petit-Bourg, où il trouvera, avec un climat printanier, de très jolis panoramas, limités d'un côté par la mer dans le lointain, de l'autre par les montagnes, et où la vue s'étend sur des plaines cultivées avec teintes variées.

Mais la plus belle, la plus agréable excursion que puisse faire un touriste sera le voyage en automobile, de Pointe-à-Pitre à Basse-Terre et au Camp-Jacob par la route coloniale; et l'on ne saurait même trop lui recommander de faire cette ravissante promenade dans les deux sens.

La route après s'être éloignée de la côte au début, s'en rapproche ensuite et est presque constamment parallèle au bord de mer, longeant d'abord la côte rocheuse ou côtoyant des plages sablonneuses et contournant de nombreuses baies aux aspects toujours différents; puis elle escalade un massif de montagnes, aux flancs abrupts et garnis de forêts et qui plongent dans la mer par leurs bases de rochers rouges; la route se continue alors en une corniche merveilleuse qui offre, par ses nombreuses sinuosités, une suite de paysages enchanteurs : dans l'encadrement de beaux arbres on aperçoit, au pied de la montagne couverte d'une épaisse végétation, la côte déchiquetée qu'on domine et qui, par endroits, se profile au loin, léchée par l'écume argentée de la mer d'azur. A l'horizon, on découvre l'île de Marie-Galante, toute plate et embrumée, puis un chapelet d'îles, les Saintes, formées de collines derrière lesquelles on entrevoit l'île anglaise de la Dominique.

De temps en temps on franchit sur un pont une vallée profonde et étroite, au fond de laquelle une petite rivière, un ruisseau, aux allures de torrent, se précipite bruyamment à travers d'énormes blocs de pierre, sous une voûte de branchages et de lianes entre-croisés.

On traverse des villages ensoleillés, dont certains sont très coquets : Capesterre, Trois-Rivières, puis, après la station thermale de Dolé, Gourbeyre. Après ce village, situé à trois cents mètres d'altitude, on peut, par une route mise en état par la « Guadeloupéenne », se rendre rapidement dans la montagne, au Camp-Jacob, en traversant des sites grandioses, tandis que la route coloniale descend vers Basse-Terre en lacets, à travers les plantations de café et en montrant de très beaux paysages.

Bientôt on contemple le massif de la Soufrière qui domine à 1.500 mètres de hauteur, le dôme du volcan qui s'étale en gradins superposés sur lesquels se détachent quelques villas et le monumental établissement qu'est l'hôpital du Camp-Jacob.

On arrive enfin à Basse-Terre, petite ville d'apparence agréable, avec la verdure de ses jardins et de ses grands arbres et les charmantes promenades des environs. Mais, pour voir cette région sous son plus bel aspect, il faut être sur la rade de Basse-Terre; alors on jouit d'un des plus beaux spectacles du monde entier, avec le massif montagneux qui, de son sommet, se développe en éventail vers la mer et vient doucement s'étaler en formant une large échancrure, au centre de laquelle est la ville.

De Basse-Terre, le voyageur, continuant ses promenades en automobile, gravit la montagne par une route splendide aux jolis points de vue, qui l'amène en quelques minutes à Saint-Claude et au Camp-Jacob, situés à près de six cents mètres d'altitude. C'est un véritable Eden au climat agréable et excellent, d'où l'on jouit de spectacles admirables sur la mer et la montagne. C'est un véritable jardin, garni toute l'année de fleurs variées et de plantes aux feuillages multicolores.

L'automobile peut continuer et monter jusqu'au Matouba, traversant un océan de verdure.

On peut également rejoindre Gourbeyre par la route dont nous parlions tout à l'heure. Grâce à cette route, qui relie les deux principaux centres de la montagne, il y a là, de Trois-Rivières au Matouba en passant par Gourbeyre et le Camp-Jacob, une région qui s'étend sur près de vingt kilomètres de longueur et qui forme une vaste station climatérique, avec une température très agréable et

D'autres excursions conduiront le voyageur à travers le chaos des mornes et sur la crête des montagnes, d'où le regard plonge dans les profondes vallées et découvre toute l'île et ses dépendances. Il pourra se rendre ainsi sur le bord des lacs de montagnes, situés à 600 et 800 mètres d'altitude et près des gigantesques cascades qui ont jusqu'à 200 mètres de hauteur et qu'on aperçoit de loin sous forme de ruban argenté.

Il restera encore une grande excursion à faire, en bateau cette fois, autour de l'île :

Paysage guadeloupéen.

un climat très salubre toute l'année, avec des sites incomparables et avec l'intéressante et magnifique station thermale de Dolé et la belle plage des Trois-Rivières.

Des différents centres de cette région, et surtout du Camp-Jacob, le touriste peut faire de nombreuses excursions dans la montagne et sur le bord de la mer; il peut en particulier, du Camp-Jacob, gravir en quelques heures les pentes du volcan de la Soufrière. Arrivé au sommet, il oubliera les fatigues de l'ascension devant les spectacles ravissants qu'il aura sous les yeux, avec les aspects fantastiques et impressionnants de la montagne et le panorama grandiose que forment la Guadeloupe et ses Dépendances, émeraudes serties d'un anneau d'argent et reposant sur l'écrin bleu de l'Océan.

c'est le voyage peu coûteux, par mer, de Basse-Terre à Pointe-à-Pitre par la côte ouest, voyage très agréable qui permet de contempler une côte d'apparence sauvage, formée de montagnes aux flancs escarpés et garnies d'une sombre végétation, et qui forment un écran presque vertical, plongeant dans l'écume des flots. De temps en temps ces montagnes s'écartent pour encadrer, à l'embouchure d'une rivière, une jolie petite baie bordée de cocotiers élancés et de gracieux bananiers, avec un petit village à l'ombre des manguiers touffus, près duquel sèchent les larges filets et reposent les canots des pêcheurs.

Enfin, le touriste ne reculera pas devant le petit voyage en mer qui lui permettra de visiter la rade, si vaste et si belle, des Saintes, avec l'île de Terre-de-Haut et des promenades au sommet des collines, d'où l'on voit l'île entière et les dentelures de ses côtes verdoyantes, ainsi que les autres îles toutes proches. La visite d'un grand fort, aujourd'hui déclassé, s'ajoutera à l'intérêt de la promenade.

vues; il y a aussi des ruines curieuses, comme la Tour du Père Labat, près de Basse-Terre, où ce missionnaire soutint un véritable siège; on voit encore, dans beaucoup d'endroits, le reste de ses moulins à vent pour la fabrication du sucre.

Cascade du Vauchelet.

Dans ses diverses pérégrinations à travers la Guadeloupe, le touriste rencontre des curiosités, vestiges du passé, qui sont très intéressantes : il y a des monuments historiques, des forts qui rappellent des luttes héroïques et du sommet desquels on a toujours de très belles

Il y a enfin des monuments archéologiques, énormes pierres portant des dessins gravés, de l'époque précolombienne, qui ont déjà excité la sagacité des savants.

Par ses sites pittoresques, tels qu'aucun autre pays n'en peut montrer autant et d'aussi beaux et aussi variés sur une surface si restreinte, la Guadeloupe ne peut manquer d'attirer les touristes ; elle les retiendra par la facilité, la variété et le charme des excursions qu'elle permet, et par les avantages considérables qu'elle offre : son climat si agréable, la salubrité exceptionnelle de certaines régions, ses commodités pour les bains de mer, ses eaux thermo-minérales, etc...

Dr A. PICHON.

AVENIR DE LA GUADELOUPE

Pays excessivement riche et fertile, la Guadeloupe et ses Dépendances présentent de nombreux facteurs de prospérité, mais il faut que la France aide notre colonie par ses capitaux, au moment où l'on parle tant du relèvement économique de la France par l'exploitation de ses ressources d'outre-mer. Les cultures actuelles doivent être développées et améliorées. On doit en entreprendre de nouvelles (citronnier, cotonnier, les arbres à caoutchouc), créer des industries nouvelles (avec le cocotier on fait du coprah, des cordes, des fibres, avec le palmiste, l'huile de palme) ; les plantes à parfums si répandues dans l'île (vétiver, citronnelle, ylang-ylang) devraient être exploitées méthodiquement, comme du reste les nombreuses ressources végétales ou minérales. Avec les résidus de la canne à sucre, on pourrait faire du papier, des engrais ; il faudrait créer encore des chocolateries, des fabriques de tabac, de tapioca ; des farines avec les fruits ou les racines ; augmenter la fabrication des confitures, des conserves de fruits ; préparer du miel en plus grande quantité étant donné l'abondance des fleurs dans l'île ; distiller les nombreuses essences ; fabriquer des conserves de poissons, de légumes ; se servir des chutes d'eau pour installer d'autres usines électriques, des lignes de tramways entre les différents points de l'île...

Alors, la France sera fière de cette possession, pas si lointaine — puisqu'elle n'est qu'à dix jours de la métropole — et elle achèvera complètement son œuvre en assimilant enfin — question de pure forme à l'heure actuelle — à un département français cette colonie (et aussi la Martinique et la Réunion), si profondément attachée depuis plus de trois siècles à sa métropole. Ainsi se développera, de jour en jour, la prospérité économique de l'île et ses habitants travailleront dans l'ordre et dans la paix, assurés désormais que cette France, qu'ils aiment passionnément, ne souffrira jamais que la Guadeloupe et ses Dépendances, « *département français* », deviennent « *possessions américaines* » ; car elles entendent rester françaises.

BIBLIOGRAPHIE

AIMARD (Gustave). — *Le chasseur de rats.* — *Le commandant Delgrès.*

R. P. BRETON (Raymond). — *Voyage aux Antilles.* 1657.

DE BRY (Théodore). — *Grands voyages.* 1696.

BOITEL (Charles). — *Quelques mois de l'existence d'un fonctionnaire public aux colonies de la Guadeloupe et de la Martinique.* 1832.

BOYER-PEYRELEAU. — *Histoire de la Guadeloupe.* 1823.

DE BEAUVOIR (Roger). — *Le chevalier de Saint-Georges.* Paris, 1856.

Docteur BORDIER. — *La colonisation scientifique et les colonies françaises.* 1884.

BOUINAIS. — *Guadeloupe.* Paris, 1882.

BALLET (Jules). — *Histoire de la Guadeloupe, Basse-Terre.* Guadeloupe, 1890.

DE BEAUVALLON (Rosemond). — *Les corsaires de la Guadeloupe sous Victor Hugues.* Paris, 1901.

COLOMB (Fernand). — *La vie et les découvertes de Christophe Colomb (posthume).* 1539.

CHANTRANS (Girod). — *Voyage d'un Suisse en différentes colonies.* Neuchâtel, 1785.

COCHIN (Augustin). — *L'abolition de l'esclavage.* 1861.

CORTAMBERT (Richard). — *Nouvelle histoire des voyages et des grandes découvertes géographiques.* 1888.

CHAMPON (Eugène). — *La Guadeloupe (Leçons d'histoire locale).* 1902.

DUVAL (Jules). — *Les colonies françaises.*

DELVAU (Alfred). — *Etude sur la vie de Privat d'Anglemont. Paris inconnu,* 1886.

DESCOURTILZ. — *Flore médicale des Antilles.* 1821.

DELARBRE. — *Colonies françaises, leur organisation, leur administration.* 1877.

R. P. DUSS. — *La flore des Antilles.* 1897.

DEMARET. — *La colonisation et le commerce de la Guadeloupe.*

EYMA (Xavier). — *Le roi des tropiques.* Paris, 1860.

FARRÈRE (Claude). — *Thomas l'Agnelet.*

GUESDE. — *Notice sur la Guadeloupe (Exposition Universelle).* 1900. — *Petite école d'agriculture.*

HENRIQUE (Louis). — *Notice illustrée sur la Guadeloupe.*

ISAAC (Alexandre). — *Choses coloniales.* — *Notice sur la Guadeloupe (Atlas colonial).* 1885.

R. P. LABAT. — *Nouveau voyage aux îles d'Amérique.* 1742.

LACOUR (Auguste). — *Histoire de la Guadeloupe*. Basse-Terre, Guadeloupe, 1855.

LEROY-BEAULIEU (Paul). — *Colonisation chez les peuples modernes*.

LAISANT (Charles). — *Guide du touriste aux Antilles françaises* (La Guadeloupe). 1913.

LARA (O.). — *La Guadeloupe. De la découverte à nos jours* (1492-1900). 1922.

DE LANESSAN. — *Les plantes utiles des colonies françaises*. Paris, 1886.

LE BOUCHER. — *La Guadeloupe pittoresque*.

MARTYR (Pierre). — *Relations de voyage* (Extraits). 1540.

PAGÈS. — *Colonies* (Encyclopédie moderne).

PARSONS. — *Inside view of Slavery*. Boston. 1855.

PARDON. — *Histoire de la Guadeloupe*. 1881.

RECLUS (Elisée). — *Géographie universelle* (vol. XVII).

ROUX (Charles). — *Les colonies françaises* (Exposition Universelle). 1901.

SCHMIT (William). — *Voyages autour du monde*. 1841.

SCHOELCHER (Victor). — *Des colonies françaises*. Paris, 1842.

SAINTE-CLAIRE-DEVILLE. — *Aperçu du climat des Antilles*.

SAINTE-LUCE-BANCHELIN. — *La Guadeloupe* (l'Ile d'Emeraude) *à l'Exposition de Marseille*. 1922.

DU TERTRE. — *Histoire générale des Antilles*. 1667.

VAUCHELET (Emile). — *Dugommier*. 1899. — *Les Caraïbes* (Etude). 1907.

ZIMMER (Abbé). — *Histoire de Notre-Dame de la Guadeloupe*. 1881.

TROISIÈME PARTIE

La Martinique

PAR

Marcel GUIEYSSE

Licencié en droit, Élève diplômé de l'École des Sciences Politiques

LA MARTINIQUE

CHAPITRE PREMIER

Historique - Géographie physique - Géographie politique

HISTORIQUE

L'étymologie de la Martinique, ainsi que ses origines historiques — quant à la date de sa découverte, car nous ne remonterons pas plus haut — donnent lieu à des divergences d'opinion que nous n'essayerons pas ici de départager. Le nom de la « Perle des Antilles » est-il une déformation du nom indigène Madiana (Madinina, Mantinino), l'antique et poétique « Ile des Fleurs » caraïbe; est-il la conséquence de la première appellation qui lui fut donnée (Martinier, Martinico) par Christophe Colomb, la découvrant le jour de la fête de Saint-Martin ? Les deux théories ont cours.

Ce qui paraît plus certain, c'est que, si la Martinique fut sans doute reconnue par Christophe Colomb au cours de l'un de ses premiers voyages (en 1498, probablement), ce ne fut que le 15 juin 1502, pendant son quatrième voyage, qu'il y aborda et débarqua sur le point de la côte, actuellement la plage du Carbet. Il n'y fit d'ailleurs aucun établissement, et pendant plus d'un siècle, ses habitants jouirent en paix de la liberté et de la vie.

Ces indigènes étaient les Caraïbes, qui peuplaient tout l'archipel des Antilles et les côtes nord-est de l'Amérique du Sud; peuplades sauvages, sans civilisation originale ou, tout au moins, parvenue à un haut degré d'organisation comme celle des Incas ou des Aztèques, ils avaient une vie sociale des plus rudimentaires et pratiquaient entre eux l'anthropophagie ; pas méchants, d'ailleurs, pour les premiers arrivants, bien que ne manifestant aucune sympathie pour les essais d'établissement dans leur île. Ils entrèrent vite en lutte avec les nouveaux habitants de leur pays ; afin de pouvoir s'y développer tout à leur aise, ceux-ci ne trouvèrent rien de mieux que d'entamer une lutte d'extermination contre les indigènes ; la plupart furent tués, le reste s'embarqua pour d'autres îles, notamment la Grenade, qui leur était alors laissée comme habitat, et, dès 1660, il ne restait plus des indigènes, à la Martinique, que le souvenir.

Les premiers possesseurs officiels de l'île furent les sieurs Lyenard de l'Olive et du Plessis d'Ossonville, qui, débarqués également au Carbet de 28 juin 1635, prirent possession du territoire nouveau au nom de la Compagnie des Iles d'Amérique, fondée par Richelieu en 1626, pour exploiter ces régions; mais ce fut Belin Esnambuc, gouverneur de Saint-Christophe qui, un mois plus tard, commença la conquête de l'île. De 1635 à 1642, eut lieu la première émigration de colons venus de France, principalement des Bretons et des Normands : soit des habitants venus à leurs frais et recevant de la Compagnie des concessions, soit des « engagés », liés par un contrat et véritables esclaves durant les trois ans dudit contrat, amenés gratuitement et ne recevant qu'un infime salaire, mais qui, au bout de leurs trois ans, recevaient à leur tour des concessions. Aux débuts de la traite des noirs, et pendant plusieurs années, des « engagés » blancs travaillèrent simultanément avec les esclaves.

Ce fut après 1642, et à la suite du développement des cultures, et surtout de l'introduction de la canne à sucre, que prit naissance la traite : la nécessité d'avoir une main-d'œuvre, inexistante sur place, fit chercher en Afrique les « ouvriers agricoles » qui s'y trouvaient ; mais très rapidement, la traite dégénéra et devint l'horrible et cruelle institution qui a laissé de si affreux souvenirs.

En 1648, la Compagnie des Iles d'Amérique fut dissoute, à la suite d'opérations malheureuses ; la Martinique fut alors achetée par son gouverneur, Duparquet, neveu de d'Esnambuc, qui, homme d'affaires actif et avisé, sut lui donner un grand développement ; à sa mort, il y eut des troubles et, sous Colbert qui venait de fonder la Compagnie des Indes Occidentales, la Martinique fut, en 1664, rachetée par la nouvelle Compagnie ; celle-ci ne fut pas à la hauteur de sa tâche et, en 1674, fut à son tour dissoute ; la Martinique fut alors incorporée au domaine de la Couronne.

Les guerres des règnes de Louis XIV, Louis XV et Louis XVI eurent leurs profondes répercussions dans les Antilles ; l'énergie, le courage et l'esprit d'initiative des Martiniquais firent leur prospérité et les protégèrent longtemps contre les attaques hollandaises anglaises ; cependant, la Martinique fut prise en 1759, puis rendue à la France en 1763 ; pendant la guerre d'Indépendance d'Amérique, Fort-de-France connut de magnifiques heures, comme port d'attache de la flotte chargée de contribuer aux opérations ; il en fut de même, près d'un siècle plus tard, au cours de la guerre du Mexique.

Il serait injuste, dans une esquisse même très sommaire de l'historique de la Martinique, de ne pas mentionner le nom du capitaine Declieux. Chargé, en 1727, par Jussieu, d'apporter dans l'île trois plants de café, il réussit à en sauver un au cours d'une périlleuse et longue traversée, en se privant de sa faible ration d'eau ; ce plant fut l'origine de toutes les caféières de l'archipel des Antilles.

Prise à plusieurs reprises pendant la Révolution, l'Empire, les Cent-Jours, la Martinique fut définitivement rendue à la France par le Traité de Vienne, et, depuis, son histoire extérieure ne fut plus troublée.

Son histoire intérieure connut, au cours du XIXᵉ siècle, des périodes d'une prospérité considérable, mais aussi des crises profondes, conséquences de l'importation de la population noire, des excès auxquels donna lieu l'esclavage, des révoltes et des répressions, et enfin de l'émancipation ; la liberté, accordée sous la Révolution, avait été supprimée sous l'Empire, et cette faute pesa lourdement sur la situation de l'île, où la rébellion exista à l'état endémique, sous la Restauration.

En 1830, un grand espoir anima les esclaves, et la déception qui suivit sa non-réalisation, causa une révolte sérieuse qui dégénéra en véritable guerre civile ; pour en venir à bout, des concessions furent accordées, et l'on commença, sur les conseils et sous l'autorité du duc de Broglie, une politique d'émancipation. De très nombreux affranchissements furent prononcés (trois mille d'un seul coup, avec droits égaux à ceux des blancs) et le Gouvernement comptait procéder ainsi, peu à peu, à la suppression de l'esclavage, suppression qui se serait alors effectuée sans crise économique et par voie de transition ; à la veille de la Révolution de 1848, il y avait encore une dizaine de mille d'esclaves à la Martinique. Certes, l'on ne peut qu'approuver les idées généreuses qui firent alors décréter l'abolition totale ; mais elle eut de graves répercussions économiques. Les noirs libérés en masse n'eurent aucun désir de travailler chez les anciens maîtres détestés ; ils désiraient jouir de leur liberté, même dans la misère ; beaucoup allèrent dans d'autres îles : la production s'effondra et nous verrons, en étudiant le commerce de la Martinique, qu'il lui fallut plus de douze ans pour se remonter.

En 1853, on entreprit, pour faire face aux travaux de culture, l'importation de la main-d'œuvre hindoue ; l'île compta un moment 13.600 travailleurs hindous, mais cette émigration fut arrêtée en 1883, et les derniers immigrants rapatriés ; d'ailleurs, la crise économique, conséquence de l'abolition de l'esclavage était terminée ; ceux des noirs libérés, restés dans l'île, devenus propriétaires, s'étaient mis successivement au travail, et nous verrons au chapitre « Population » que la densité de la population de l'île ne permet et ne réclame aucune tentative de colonisation. Un nouvel ordre social s'est créé peu à peu, et les seules luttes qui subsistent, hélas trop fréquentes et aiguës, sont les luttes politiques, compliquées ou augmentées par les crises économiques ; la plus forte de ces dernières fut celle de 1885, due à la dépréciation du sucre. Souhaitons que le rôle important dévolu aux Antilles et spécialement à la Martinique soit, entre tous ses habitants, un lien suffisant pour mettre, au-dessus des luttes de parti et des survivances des luttes de races, l'intérêt supérieur de la Perle des Antilles ; à ce prix, une période de prospérité brillante s'offre aujourd'hui à sa destinée.

DESCRIPTION SOMMAIRE

SITUATION

La Martinique fait partie de cette longue suite d'îles connues sous le nom d'archipel des Antilles (les Ant-Isles de l'Amérique) et qui

Iles-sous-le-Vent dépendent, sous ce rapport, du système continental américain, alors que les plus septentrionales des Iles-du-Vent se rattachent au système de Porto-Rico.

Le reste des Iles-du-Vent, depuis Anguille et Saint-Martin jusqu'à La Barbade et depuis Saint-Eustache jusqu'à Grenade, procède d'une double origine et constitue deux catégories distinctes : la première, la plus orientale, est d'origine plus ancienne, sédimentaire, et se trouve formée de terres calcaires, peu

BAIE DE ROBERT. — Squales échoués sur la plage.

s'allonge en demi-cercle du Yucatan et de la Floride jusqu'au nord du Vénézuéla. Elle est comprise dans les Petites Antilles qui, géographiquement, commencent avec les Iles Vierges, au nord, immédiatement après Porto-Rico, dernière île des Grandes Antilles, et vont se continuer en une chaîne parallèle à la côte du Vénézuéla ; cette dernière chaîne est dénommée « Iles-sous-le-Vent », alors que la série des Petites Antilles, qui monte rejoindre les Grandes Antilles, porte le nom de « Iles-du-Vent ».

Ces dénominations n'ont qu'une valeur géographique ; en effet, au point de vue géologique, ces îles ne forment pas un tout, n'appartiennent pas à un système commun ; les

accidentées ; la seconde, au contraire, qui comprend la Martinique, est constituée par des terres volcaniques, présentant toutes dans leur ensemble les caractéristiques que nous retrouverons dans la Martinique : terres allongées, offrant un relief accusé dont l'arête représente comme l'épine dorsale de ce chapelet d'îles qui s'étendent en un arc de cercle nettement dessiné.

La Martinique se trouve à peu près au milieu de cet arc de cercle ; située par 14°23'20" et 14°52'47" de latitude nord et par 63°6'19" et 63°31'32" de longitude ouest du méridien de Paris, elle se trouve presque en face du canal de Panama. Elle est baignée à l'est par l'Océan Atlantique et, à l'ouest, par la mer des Antilles, au nord par le canal de la Dominique, au sud par le canal de Sainte-Lucie, bras de mer qui la séparent des îles anglaises portant respectivement ces noms : 22 milles la séparent de la première et 17 de la seconde, alors qu'elle est éloignée de 440 kilomètres seulement du continent américain et de plus de 7.000 kilomètres de Brest.

SUPERFICIE

D'une superficie de 98.782 hectares, elle représente, sous ce rapport, une infime partie de l'empire colonial français qui ne compte pas moins de 8.939.990 kilomètres carrés; mais nous verrons que par son histoire, son influence, sa valeur économique, son charme si particulier, elle tient une place importante et de choix dans la « Plus Grande France ». Par rapport à la France, ses 987 kilomètres carrés représentent environ la 530e partie de la superficie de la Mère Patrie, à peine le double de celle du département de la Seine. Par rapport aux Petites Antilles, ce qui nous procurera des termes de comparaison plus exacts, elle occupe une place importante, représentant presque le septième des Petites Antilles, dont la superficie totale dépasse 7.000 kilomètres carrés : elle se place au second rang, immédiatement après la Guadeloupe.

Dans sa plus grande longueur, du cap Saint-Martin à la Pointe des Salines, elle mesure 66 kilomètres; sa largeur moyenne est de 30 kilomètres et sa circonférence — non compris les caps — mesure 350 kilomètres.

CONFIGURATION

La Martinique présente, dans son ensemble, la forme elliptique des Petites Antilles d'origine volcanique, mais est moins régulière que ces autres îles; ses sommets sont dans l'axe de l'alignement général de la chaîne insulaire, mais l'île elle-même offre l'aspect de deux terres — moins accusé, certes, qu'à la Guadeloupe — et unies par l'isthme qui s'étend entre les baies du François et de Fort-de-France. Quoique, en général, plus découpées que celles des autres Petites Antilles, ses côtes n'offrent, dans la partie nord, que des baies très larges, dessinées par des pointes peu accentuées; les côtes de la partie sud sont beaucoup plus variées et riches en accidents topographiques, surtout sur leur versant est, depuis la presqu'île de la Caravelle, au nord, qui s'avance à douze kilomètres en mer, jusqu'à la Pointe des Salines, au sud; en outre,

l'accès de cette côte, battue par les vents de mer, est rendu plus difficile encore, par des séries d'îlots et de récifs, ainsi que par de nombreuses formations coralliennes; cette partie offre cependant le grand hâvre de Robert, ceux, plus petits, de François et de Vauclin. En remontant au nord, après avoir doublé la Pointe des Salines, la côte occidentale présente d'abord la vaste échancrure de la Passe du Marin, puis l'admirable baie de Fort-de-France : abritée des vents dangereux, avec ses 8 kilomètres d'ouverture et ses 9 kilomètres de profondeur, avec la presqu'île du Diamant, qui la limite au sud, avec son cadre unique de mornes et de pitons à la végétation luxuriante, cette baie est non seulement la plus belle, mais aussi la plus sûre de toutes les Antilles.

OROGRAPHIE

La chaîne de montagnes qui traverse la Martinique du nord au sud présente des reliefs très accusés; elle se divise en trois massifs bien partagés : dans la partie nord de l'île, les massifs du mont Pelé et du Piton du Carbet dressent leurs sommets à 1.350 et à 1.207 mètres, puis le relief diminue sensiblement et ne se relève, dans les parties sud de l'île, qu'à 505 mètres, avec la montagne du Vauclin, qui occupe le centre de cette partie. Du massif du Vauclin, plusieurs chaînons divergents rayonnent en tous sens : l'un d'eux forme la chaîne du Diamant, qui constitue la presqu'île montagneuse de ce nom, fermant au sud la baie de Fort-de-France et dont le Gros Morne atteint 478 mètres. Mais partout, sauf pour les plaines bordant le fond de la baie de Fort-de-France, le terrain s'élève graduellement dès le rivage, circonstance aussi heureuse pour le pittoresque que pour la salubrité du pays.

L'ensemble des terrains constitutifs de l'île est d'origine volcanique, notamment les massifs montagneux qui composent d'ailleurs la presque totalité de la Martinique; tout le monde a, hélas, trop présent à la mémoire l'effroyable cataclysme de 1902 pour ignorer que le mont Pelé — le point culminant de l'île — est un volcan en pleine activité; avant l'éruption de 1902, son histoire était calme : en 1851, cependant, une éruption plus violente avait amené la formation, dans son cratère, du Lac des Palmistes, but admiré des touristes, et qui est, depuis 1902, remplacé par une aiguille qui dresse encore sa pointe à plus de 200 mètres.

Mais indépendamment des terrains volcaniques, quelques terrains stratifiés et cal-

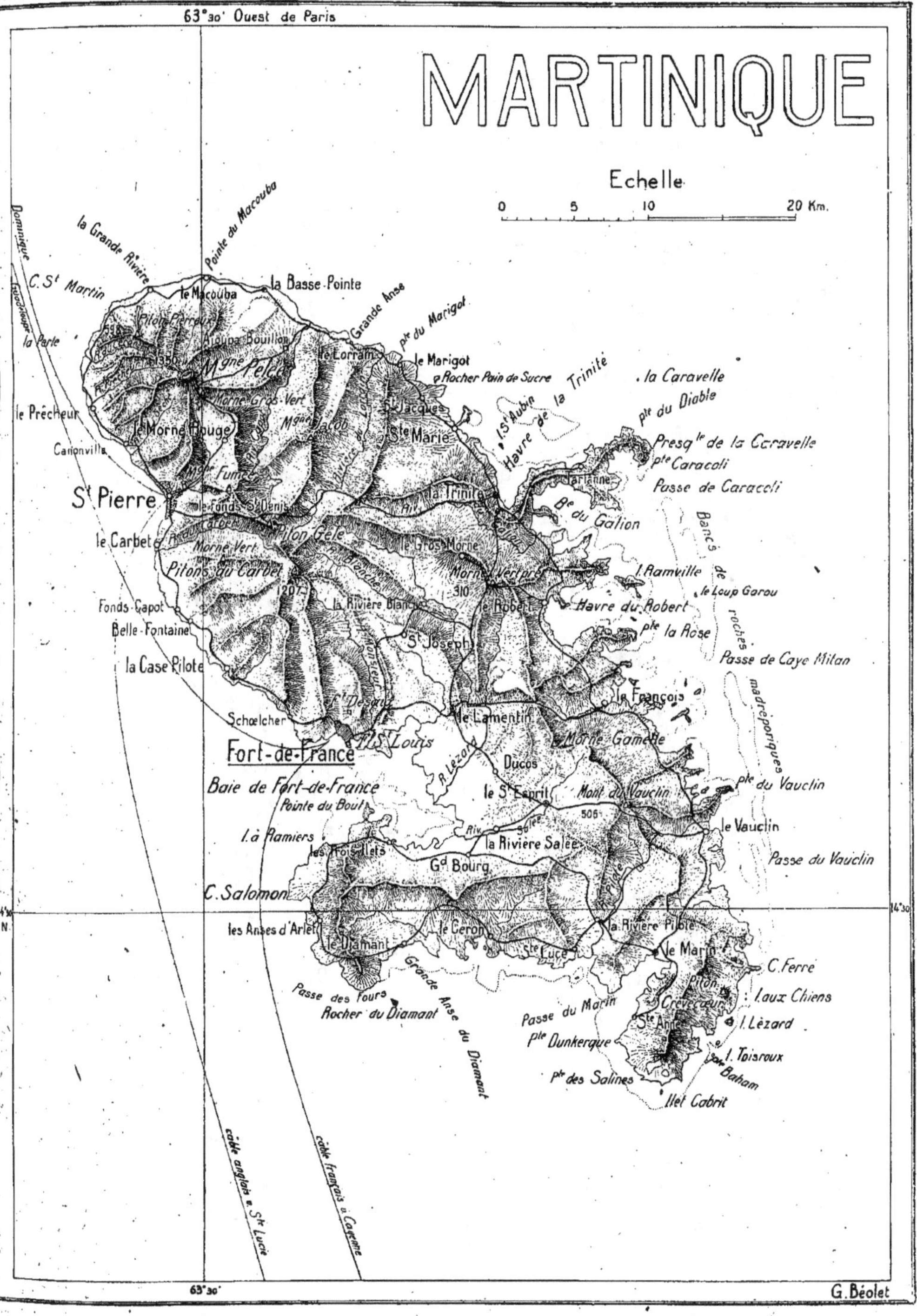
63°30' Ouest de Paris
MARTINIQUE
Echelle
0   5   10   20 Km.
la Grande Rivière
Pointe du Macouba
Dominique
C. St Martin
la Perle
le Précheur
Carionville
St Pierre
le Carbet
Fonds-Capot
Belle-Fontaine
la Case Pilote
Schœlcher
Fort-de-France
Baie de Fort-de-France
Pointe du Bout
I. à Ramiers
les Trois-Ilets
C. Salomon
les Anses d'Arlet
le Diamant
Passe des Fours
Rocher du Diamant
le Macouba
Piton Pierreux
Ajoupa-Bouillon
le Lorrain
Mgne Pelée
Morne Gros-Vert
le Morne Rouge
Mgne Jacob
Mne Fumée
le Fonds St Denis
Piton Gelé
Morne-Vert
Pitons du Carbet
1207
la Rivière Blanche
l'Desaix
I. St Louis
la Basse-Pointe
Grande Anse
Pte du Marigot
le Marigot
Rocher Pain de Sucre
St Jacques
Ste Marie
la Trinité
le Gros-Morne
Morne Vert-pré
310
le Robert
St Joseph
le Lamentin
Ducos
le St Esprit
R. Lézard
Gd Bourg
la Rivière Salée
Riv.
506
le Céron
Ste Luce
St Aubin
Havre de la Trinité
Tartane
Bie du Galion
I. Ramville
Havre du Robert
pte la Rose
le François
Morne Gamelle
Mont du Vauclin
la Caravelle
pte du Diable
Presqle de la Caravelle
pte Caracoli
Passe de Caracoli
Bancs de roches
madréporiques
le Loup Garou
Passe de Caye Milan
pte du Vauclin
le Vauclin
Passe du Vauclin
la Rivière Pilote
le Marin
C. Ferré
Piton Crèvecœur
I. aux Chiens
I. Lézard
Ste Anne
I. Toisroux
Baham
Passe du Marin
pte Dunkerque
pte des Salines
Ilet Cabrit
Grande Anse du Diamant
câble anglais à Ste Lucie
câble français à Cayenne
63°30'
14°30'
G. Béolet

caires, notamment dans le sud, rappellent une origine plus ancienne et se rattachent au système des Petites Antilles de la série orientale et dont il a été parlé plus haut; ces terrains constituent plus particulièrement la région du Marin : près du bourg de Sainte-Anne (canton du Marin), on trouve d'importants gisements de concrétions calcaires, dénommées dans le pays les « roches à ravets »; quelques kilomètres plus loin s'étend une des grandes curiosités de l'île : la « Savane des Pétrifications », où l'on peut admirer quantité de bois pétrifiés dont la silification laisse apparaître les fibres les plus ténues sous des couleurs brillantes; à côté, un véritable musée de pierres de toutes formes et de toutes nuances est aussi attrayant pour la curiosité du touriste que pour les recherches du savant.

La caractéristique de l'île est sa richesse en silice, qui est présent dans toute roche que l'on examine, indépendamment de sa présence à l'état libre, comme dans la Savane des Pétrifications. Cela fait supposer que ses matériaux ont été pris à un reste de terrains primitifs.

On trouve sur les côtes des masses de sable ferrugineux exploitables, et, près de Saint-Pierre, des carrières de pouzzolane de bonne qualité.

HYDROGRAPHIE

Les nombreux cours d'eau de la Martinique contribuent amplement aux charmes de la « Perle des Antilles »; évidemment, et en conséquence même de la forme de l'île, ils ne sauraient être très longs, et trois seulement sont navigables pour les bateaux d'un faible tirant d'eau : la rivière du Lézard, la plus longue de l'île, descendue du massif du Carbet, et dont les apports alluvionnaires ont formé la plaine du Lamentin, au fond de la baie de Fort-de-France; la Rivière Salée, qui prend sa source dans le massif de la montagne du Vauclin et qui se jette au sud de la baie de Fort-de-France; la rivière Pilote, qui tire son origine de la même Montagne et se jette dans le canal de Sainte-Lucie, au nord de la baie du Marin. Parmi les autres rivières, les plus importantes sont la Capot et la rivière du Lorrain, dans la région nord-est de l'île; elles descendent toutes deux du Piton du Carbet.

Il faut encore mentionner, dans la région nord-ouest, les rivières des Saint-Pères, de Roxelane et du Carbet; tout au nord, la Grande-Rivière, le plus important des torrents qui descendent du mont Pelé; à l'est, la rivière du Galion, qui se jette dans la baie du même nom, au sud de la longue presqu'île de la Caravelle.

Des autres soixante-quinze cours d'eau qui composent le système fluvial de la Martinique, la plupart ont un régime torrentueux et plusieurs sont fréquemment à sec : mais même pour ces derniers, leurs vallées constituent d'admirables ou charmants paysages.

En outre, la Martinique possède plusieurs sources thermales et médicinales; trois sont actuellement exploitées, ce sont celles de Didier, d'Absalon et de Moutte, toutes trois aux environs de Fort-de-France; elles donnent naissance à des eaux légèrement ferrugineuses, riches en acide carbonique et d'une température de 30 à 35° centigrades; les eaux de la Fontaine Moutte, plus ferrugineuses que les deux premières, contiennent aussi une certaine quantité de manganèse.

Parmi les sources connues et non exploitées, citons la source de l'Espérance, dans la plaine du Lareinty, celle de la Frégate, près du François; enfin, la Fontaine Chaude du Prêcheur, jadis en exploitation, et abandonnée depuis les éruptions du Mont Pelé.

CLIMATOLOGIE

CLIMAT

Le climat de la Martinique est chaud; mais tempéré par l'action des vents de mer et la présence de l'humidité dans l'air, il reste très supportable et ne connaît pas de brusques écarts. Sur le littoral, le maximum est de 32°, le minimum 20°; dans les régions montagneuses, la température devient plus fraîche; la moyenne, qui est de 26° à Fort-de-France, n'est plus que de 19,5 à l'altitude de 300 mètres; le thermomètre ne descend jamais au-dessous de 17°.

Les saisons divisent l'année en trois parties, mais d'une façon peu marquée; on distingue en général : la saison fraîche de décembre à mars, qui se termine par le Carême (mars, début d'avril), pendant lequel la température s'élève un peu; pendant cette période, il tombe peu d'eau. La saison chaude et sèche suit, d'avril en juillet; malgré son appellation de « sèche », on y mesure au moins autant de chutes d'eau que pendant la saison fraîche, mais ces chutes sont localisées fin mai, début juin. Enfin, la saison chaude et pluvieuse s'étend de juillet à novembre; cette période prend le nom d'hivernage, c'est l'époque des cyclones; les orages sont fréquents, les pluies souvent véritablement torrentielles, mais très inégalement réparties sur le territoire.

D'une façon générale, la Martinique est extrêmement salubre, notamment dans toutes les régions dont l'altitude dépasse 200 mètres ; dans les plaines basses et sur le littoral, il existe toujours un peu de fièvre paludéenne, mais d'une intensité qui va en diminuant progressivement ; la fièvre jaune qui, chaque

avoir atteint leur maximum d'intensité vers quatorze heures ; de novembre à février, ils sont en général plus au nord et ont les mêmes bons effets sur la température. De juillet à octobre, il souffle, mais d'une façon heureusement irrégulière, un vent du sud, chaud et humide.

Ruisseau sous bois.

année réapparaît dans les îles voisines, a pour ainsi dire disparu de la Martinique, où on l'enregistre pour la dernière fois en 1909, en tant qu'épidémie.

VENTS

Les vents de l'est et du nord-est, connus sous le nom de vents réguliers ou de vents alizés, soufflent pendant la plus grande partie de l'année et tempèrent grandement la chaleur diurne ; ils se lèvent vers neuf heures pour tomber aux environs de dix-sept heures, après

CYCLONES

Malheureusement, la Martinique, si privilégiée à tant de points de vue, n'échappe pas aux accidents naturels qui ravagent périodiquement toute cette partie du monde : cyclones, tremblements de terre, raz-de-marée, éruptions.

La pression barométrique a une moyenne de 759 millimètres à la Martinique ; les variations sont lentes, et s'accompagnent d'une variation régulière de 2 millimètres, appelée marée barométrique, et qui s'exerce entre dix heures et vingt-deux heures pour les maxima, quatre heures et seize heures pour les minima.

Mais lorsque, dans la période d'hivernage, le baromètre descend au-dessous de 757 millimètres, on doit s'attendre au passage, dans la région, d'un cyclone ; l'horizon se couvre, à l'est, d'un voile laiteux formé de nuages fins qui recouvrent peu à peu tout le ciel ; le vent se lève, fraîchit pendant que les nuages s'assombrissent, puis la pluie commence à tomber pour devenir rapidement diluvienne, au milieu du fracas du tonnerre et de l'éblouissement des éclairs.

Ces cyclones proviennent de la région des calmes tropicaux, et sont créés par la brusque condensation de la vapeur d'eau qui sature l'atmosphère, lorsque, à la suite d'une élévation trop forte de la température, cet air monte dans les régions supérieures de l'atmosphère et se trouve remplacé par un air plus froid ; de cet échange, de cette brusque condensation, naissent la dépression et le tourbillon. Celui-ci se déplace avec une vitesse de 18 à 25 kilomètres à l'heure, alors que la vitesse du vent atteint 45 mètres à la seconde. Le centre du tourbillon suit une trajectoire qui traverse souvent les Antilles, rase la côte des Etats-Unis pour aller se terminer sur les côtes de l'Irlande.

Tous les cyclones ne sont pas, tant s'en faut, dangereux, mais certains ont pris les proportions de véritables désastres : le premier dont l'histoire ait gardé le souvenir pour la Martinique, est celui de 1666, au cours duquel fut anéantie la flotte de l'amiral Willoughby ; puis ceux de 1723, 1724, 1747, 1753, 1756. En 1758 et en 1766, à deux reprises chaque fois, l'île fut ravagée, puis en 1779, 1780, qui fut l'un des plus terribles et fit périr dans l'île 7.000 personnes ; la cathédrale de Fort-de-France fut renversée avec sept églises et 140 maisons, 1788 ; au cours du XIX° siècle, on cite les ouragans de 1813, 1817, 1818, 1883, au cours duquel 20 navires ancrés en rade de Saint-Pierre furent jetés à la côte ; 1889, 1891 qui ravagea entièrement l'île, faisant 1.800 victimes, enlevant toutes les toitures, anéantissant les récoltes ; au cours de ces dernières années, l'île a eu à subir le passage de très nombreux cyclones ; si leur fréquence a nui à la culture, aucun n'a pris la proportion d'un désastre ; le plus fort, celui du 8 août 1903 n'occasionna que des dégâts matériels.

TREMBLEMENTS DE TERRE

Les tremblements de terre, fréquents dans les Antilles, ont heureusement, à la Martinique, une histoire moins longue que celle des cyclones, moins terrible que celle des éruptions; bien que la Martinique ressente des secousses extrêmement fréquentes, elles sont généralement faibles, le plus souvent sans importance aucune, quant aux effets. Deux cependant sont tristement célèbres : celle de 1839, la plus forte que l'île ait eu à enregistrer et qui, dans la nuit du 10 au 11 janvier, renversa une partie de la ville de Fort-de-France; celle du 16 février 1906, qui fut ressentie dans toute l'île et lézarda un grand nombre d'immeubles, surtout à Fort-de-France encore.

RAZ-DE-MARÉE

Ces phénomènes sont généralement consécutifs aux cyclones; ainsi que l'on a pu s'en rendre compte en lisant le passage relatif à ceux-ci, l'un des plus terribles fut celui qui, dans la nuit du 4 au 5 septembre 1883, accompagna le cyclone qui dévasta à cette époque une partie de l'île.

Plus exceptionnellement, les raz-de-marée accompagnent les tremblements de terre.

ÉRUPTIONS VOLCANIQUES

Nous avons vu à la partie « Géologie », que l'île est de formation volcanique; sur les six volcans que compte la Martinique, un seul est en activité, le Mont-Pelé. Jusqu'au drame de 1902, l'histoire des catastrophes subies par l'île se résumait dans la trop longue liste des ouragans et des tremblements de terre. Le réveil tragique du Mont-Pelé, dont les manifestations dernières remontaient à 1792 et 1852, est venu ajouter une page sombre et douloureuse à cette histoire. La catastrophe de 1902 est dans toutes les mémoires, tant par l'impression que causa la disparition soudaine d'une ville florissante, débordant de vie et d'activité, qui vit ses édifices détruits et ses 30.000 habitants tués au passage d'un amoncellement de nuages, formés de gaz asphyxiants descendant la pente du volcan, que par l'énergie et le courage que montrèrent les Martiniquais, pour surmonter cette épreuve et réparer le désastre.

Rappelons que c'est le 18 mai que disparut Saint-Pierre ; puis les éruptions successives des 20 et 26 mai, 5 juin, 9 juillet et 30 août, continuant l'œuvre de destruction, anéantirent les communes du Prêcheur, de Grand-Rivière, de l'Ajoupa-Bouillon et du Morne-Rouge. Cette éruption fit l'objet d'une mission de l'Académie des Sciences, confiée à l'éminent membre de l'Institut, M. Lacroix, qui a publié en 1904, les résultats de son enquête dans un ouvrage des plus intéressants à consulter, tant au point de vue scientifique qu'historique.

ADMINISTRATION

STATUT LÉGAL

Le statut légal de la Martinique, aux points de vue politique et administratif, remonte aux ordonnances du 9 février 1827 et

vier 1892, qui lui retira tout pouvoir en matière de législation douanière.

La République confirma l'organisation générale de la Martinique et lui rendit le suffrage universel par la loi du 3 décembre 1870 ; la loi organique du 24 février 1875 fixa sa représentation au Parlement, — accordée par le décret du 1er février 1871 — à deux députés et un sénateur.

Des lois spéciales décident de l'application à la Martinique des lois métropolitaines d'in-

Les Anses d'Arlets.

22 avril 1833, qui établirent les limites des fonctions du gouverneur, nommé par le chef de l'Etat et responsable devant lui de son administration générale. Ces ordonnances furent confirmées par les sénatus-consulte du 3 mai 1854 et du 4 juillet 1866, rendus en vertu de la Constitution de 1852 et qui fixèrent, en outre, les attributions et la composition du Conseil général ; ce dernier vit son rôle modifié ou complété par les décrets des 11 avril 1866, 12 juin 1879, 20 avril 1886, 20 septembre 1887, et par la loi du 11 jan-

térêt général ; on peut dire que, sauf modifications de détail, le statut légal de la Martinique est celui de la France, surtout depuis que la loi municipale du 5 avril 1884 lui a été rendue applicable par le décret du 12 juin 1887.

ORGANISATION POLITIQUE

La Martinique est divisée en deux arrondissements comportant 9 cantons et 32 communes, d'importance sensiblement égale, avant la catastrophe de 1902 ; depuis cette date, la population de l'arrondissement Sud reste supérieure à celle de l'arrondissements Nord, et le port de Fort-de-France demeure le seul port pour les relations extérieures, à la suite de la destruction de Saint-Pierre.

L'arrondissement sud de Fort-de-France comprend 5 cantons, 16 communes et 157.627 habitants ; les chefs-lieux de canton sont : Fort-de-France, le Lamentin, le Saint-Esprit, le Marin et le Diamant.

ADMINISTRATION GÉNÉRALE

L'administration générale de la colonie est confiée au gouverneur assisté d'un secrétaire général ; auprès de lui, se trouve le Conseil privé, qu'il préside, et qui se compose du secrétaire général, du procureur général, du commandant supérieur des troupes et de deux conseillers privés ; en outre, sont appelés au Conseil privé, pour affaires de leur ressort, et avec voix consultative : le trésorier-payeur général, les chefs du service de santé, de l'instruction publique et des douanes.

La Commission coloniale assure, entre les sessions, les pouvoirs administratifs du Conseil général ; les communes ont l'organisation municipale de France.

ARMÉE

Le gouverneur, responsable de la défense de la colonie, concentre entre ses mains l'autorité militaire qu'il délègue, dans la pratique, au colonel d'infanterie de marine, commandant supérieur des troupes ; celles-ci se composent d'un batailllon d'infanterie de marine, d'une batterie d'artillerie de marine, d'une compagnie de gendarmerie. Le port de Fort-de-France est désigné comme point d'appui de la flotte.

JUSTICE

L'organisation judiciaire remonte à l'ordonnance du 24 septembre 1828 ; à sa tête se trouve le procureur général ; elle comprend une Cour d'assises, une Cour d'appel, un Tribunal de 1re instance jugeant commercialement à défaut de tribunal de commerce, une justice de paix par canton. Il existe aussi à Fort-de-France un Conseil de prud'hommes, des avocats, avoués, notaires, huissiers, exerçant à la Martinique comme en France.

INSTRUCTION PUBLIQUE

L'Instruction publique est placée sous la direction d'un chef de service relevant directement du gouverneur ; l'enseignement primaire est très répandu dans l'île qui compte 102 écoles, plus de 400 classes, 12 cours supérieurs, 2 cours complémentaires et 20.425 élèves inscrits ; elles sont toutes laïcisées depuis 1881.

L'enseignement secondaire y est donné dans le lycée Schœlcher (652 élèves) et le pensionnat colonial (822 élèves) ; une école d'hydrographie annexée au lycée prépare aux examens de capitaine au cabotage et de patron au bornage. Toutes les épreuves du baccalauréat peuvent être subies dans l'île.

L'enseignement supérieur est représenté par une école préparatoire de droit qui délivre un certificat de capacité à la licence en droit ; il peut être échangé contre le diplôme de licencié en droit, après un examen de revision passé devant l'une des facultés de la Métropole.

La Martinique possède en outre une école d'enseignement technique et professionnel, remplaçant l'ancienne école des Arts et Métiers, et une école commerciale fondée en 1918 par la Chambre de commerce. Signalons, à côté de la Chambre de commerce, l'existence d'une Chambre de l'agriculture.

L'enseignement privé y est représenté par plusieurs écoles et pensionnats.

FINANCES ET DOUANES

Le service du Trésor est dirigé par un trésorier-payeur justiciable de la Cour des comptes et qui centralise tous les services de perception de l'île.

Le personnel des Douanes dépend du ministère des Finances ; toutes les marchandises importées dans la Martinique sont soumises à des droits divers selon leur nature ; dans son ensemble le tarif général des douanes a été rendu applicable à la Martinique par la loi du 11 janvier 1892 ; les marchandises étrangères acquittent les taxes établies par ce tarif, ainsi que les droits d'octroi de mer, également applicables aux marchandises françaises.

Les affaires de douane sont de la compétence des tribunaux de paix ou correctionnels, suivant les cas, en vertu du décret du 16 février 1895 rendant exécutoires dans la colonie les lois et règlements douaniers en vigueur en France et portant sanctions pénales.

En sus de la liquidation des droits d'octroi de mer, le service des Douanes est chargé de statistique ainsi que des taxes de quai, d'aiguade et d'amarrage à terre.

L'enregistrement a été établi à la Martinique par une ordonnance royale du 31 décembre 1828. Le tarif des droits modifié et augmenté plusieurs fois est indiqué à la suite du budget de la colonie. Malgré ces augmentations, les droits perçus dans la colonie sont inférieurs à ceux perçus dans la Métropole; ainsi les mutations d'immeubles à titre onéreux payent 2 0/0 de 1 à 10.000 francs, 3 0/0 de 10.001 à 100.000 francs et 4 0/0 au-dessus de 100.000 francs, les obligations 0,75 0/0, les ventes de meubles 1 0/0.

Les droits de mutation par décès sont fixés par un décret du 20 août 1914, publié au *Bulletin Officiel* de la Martinique, année 1914.

Les droits de transmission de valeurs mobilières sont les mêmes qu'en France : 0,50 0/0 pour les titres nominatifs et 0,20 0/0 pour les titres au porteur.

L'impôt du timbre a été créé dans la colonie par décrets des 24 octobre 1860 et 21 septembre 1864. Les droits proportionnels applicables aux effets négociables ou de commerce sont les mêmes qu'en France, le timbre de quittance n'est pas en vigueur et le tarif des timbres de dimension est de 0 fr. 60, 1 fr. 20, 1 fr. 80, 2 fr. 40 et 3 fr. 60.

La conservation des hypothèques a été organisée par l'ordonnance du 14 juin 1829. La loi du 27 juillet 1900 y est appliquée sous certaines modifications de détail, en exécution du décret du 3 avril 1901. Le droit de transcription hypothécaire est de 3 francs par 1.000 francs sans addition de décimes.

La taxe sur le revenu des valeurs mobilières, créée par la loi du 29 juin 1872, a été rendue applicable à la Martinique par décrets du 15 octobre 1883 et 19 avril 1884, etc... Le tarif est de 7 0/0.

La curatelle aux successions et biens vacants a été confiée au service de l'enregistrement par l'ordonnance du 16 mai 1832. Organisée par l'édit du 24 novembre 1781, elle a été réglementée à nouveau par le décret du 27 janvier 1855.

Les impôts et taxes, votés par le Conseil général, sont rendus exécutoires après promulgation des décrets rendus sur avis du Conseil d'Etat.

Enfin il existe un service des contributions diverses, placé sous les ordres d'un inspecteur et qui comprend les contributions directes, les contributions indirectes, les services postaux et la vérification des poids et mesures.

ÉTABLISSEMENTS DE CRÉDIT

La banque de la Martinique, constituée par la loi du 11 juillet 1851, siège à Fort-de-France. Son capital est de 3 millions de francs, divisé en 6.000 actions de 500 francs. La loi du 21 mars 1919 a prorogé son privilège pour vingt-cinq années.

Indépendamment des opérations d'escompte, la banque a la faculté de prêter sur dépôts de denrées ou autres marchandises, sur les récoltes pendantes, après l'accomplissement de certaines conditions, et sur matières d'or et d'argent.

La banque émet enfin, à l'exclusion de tous autres établissements, des billets au porteur de 500 francs, 100 francs et 25 francs.

Le décret du 7 mai 1920 lui concède la faculté de porter au crédit de ses correspondants le montant des mandats des dépenses concernant les fournitures de matériel ou les travaux exécutés pour le compte de l'Etat ou de la Colonie et autorise le trésorier-payeur à recevoir en payement les chèques sur la banque, visés ou souscrits directement par elle.

Il existe aussi dans la Colonie une succursale de la Royal Bank of Canada, et une nouvelle banque qui vient de se fonder.

RÉGIME MONÉTAIRE

Les monnaies françaises seules ont cours légal à la Martinique. Toutefois, il existe encore des pièces de bronze toutes spéciales de 0 fr. 10 et de 0 fr. 05, à l'effigie de Charles X et de Louis-Philippe, frappées spécialement pour les colonies en 1827 et 1841 et qui circulent concurremment avec la monnaie de billon en usage dans la métropole, ainsi que les billets au porteur de la Banque de la Martinique.

BUDGET

Les recettes réalisées au cours de l'exercice 1920 s'élèvent à 29.876.697 fr. 59 et les dépenses à 21.559.259 fr. 93; le budget rectificatif de 1921 est de 21.605.259 francs.

SERVICE SANITAIRE

Le fonctionnement du Service de santé et du Service hospitalier est assuré tant par les médecins du Service de santé des colonies que par des médecins civils.

Le chef du Service de santé, médecin en chef des colonies, a dans ses attributions la direction, l'administration et la police des hôpitaux coloniaux relevant directement du ministère des Colonies.

De plus, il y a, à Fort-de-France et dans les communes de l'île, des médecins civils pourvus presque tous de leur diplôme de docteur, et qui dirigent aussi les hospices civils dont l'administration est confiée à un conseil composé de maires de diverses communes de la circonscription hospitalière, du desservant de la paroisse et de trois habitants notables, sous la présidence permanente du maire de la commune où l'hospice est situé.

Les hospices civils sont au nombre de cinq, savoir :

A Fort-de-France, pour les communes de Fort-de-France, la Case-Pilote, le Lamentin, les Trois-Ilets, les Anses-d'Arlets, le Diamant, Schœlcher et Saint-Joseph ;

A la Trinité, comprenant les communes de la Trinité, le Gros-Morne, Sainte-Marie et le Robert ;

Au Saint-Esprit, comprenant les communes du Saint-Esprit, Ducos, le François et la Rivière-Salée ;

Au Marin, comprenant les communes du Marin, Sainte-Luce, la Rivière-Pilote, le Vauclin et Sainte-Anne ;

Au Lorrain, comprenant les communes de la Basse-Pointe, du Lorrain, du Macouba, de la Grand'Rivière, du Marigot.

L'île possède en outre un dispensaire, — qui est annexé à l'Institut d'hygiène et de microbiologie chargé d'étudier tout ce qui touche l'hygiène de l'île, la microbiologie, la prophylaxie et est placé sous la direction d'un médecin-major, — un lazaret très bien situé, affecté aux quarantaines, et un hôpital militaire avec un sanatorium militaire installé au camp de Balata situé à 9 kilomètres au nord de Fort-de-France, à 440 mètres d'altitude.

En outre, le programme des grands travaux, votés à la session du Conseil général de 1923, comprend les sommes suivantes :

Agrandissement à l'hôpital de Fort-de-France .... Fr.	150.000
Amélioration de l'hôpital du Lorrain...	150.000
— — du Marin ...	100.000
Constructions à l'hôpital de St-Esprit.	200.000
— — de la Trinité.	200.000
Construction d'un hôpital à Saint-Pierre	250.000
— — au Lamentin.	150.000
— d'une léproserie	200.000
— d'un asile d'aliénés	300.000

VILLES PRINCIPALES

Fort-de-France, chef-lieu de l'île, est construit à l'entrée de la magnifique baie de Fort-de-France, rade d'une sécurité absolue, même par cyclones.

La ville, presque entièrement reconstruite à la suite de l'incendie du 22 juin 1890, est une belle cité de 40.000 âmes, aux rues droites, dans un cadre merveilleux ; elle est le siège du Gouvernement et des grandes administrations déjà énumérées ; l'on y remarque l'hôtel du gouverneur, la cathédrale, l'hôtel de ville, la bibliothèque Schœlcher, le jardin Déclieux, le jardin botanique de Tivoli, la célèbre promenade ou savane, sur laquelle se dresse la statue de l'impératrice Joséphine. La ville possède un petit arsenal maritime, les magasins de la marine, un important atelier de fonderie. Elle est éclairée à l'électricité.

Son port étant le plus important depuis la destruction de Saint-Pierre, de grands travaux y sont prévus pour le mettre au niveau du rôle qu'il doit jouer. Il possède un bassin de radoub construit près des établissements de la Compagnie Générale Transatlantique ; ses dimensions sont de 128 mètres de long sur 34 mètres de largeur, avec un tirant d'eau de 8 m. 50. En 1920, il y est entré 32 navires (8 paquebots de la G. G. T., 18 autres navires français, 6 étrangers).

Dans les autres cantons, signalons le Lamentin, centre commercial important, qui communique avec la baie de Fort-de-France par un canal navigable creusé au milieu des palétuviers ; le Marin, centre de commerce du sud, possède un port sûr, mais dont l'entrée, commandée par une passe étroite, est d'accès difficile pour les grands bâtiments ; le François, qui possède un port dont l'entrée est également difficile, mais sûr et profond.

L'arrondissement nord ou de Saint-Pierre, comprenait 4 cantons et 16 communes ; il compte actuellement 86.810 habitants ; les chefs-lieux actuels de canton sont : le Carbet, la Basse-Pointe et la Trinité, comportant 13 communes, mais la vie reprend dans les régions anéanties par la catastrophe de 1902, et les anciens centres se reconstruisent avec une activité sans cesse croissante et que, seules, des mesures administratives de prudence avaient empêchée de se manifester dès après le désastre ; les communes de Saint-Pierre, du Carbet, du Prêcheur, du Morne-Rouge, de l'Ajoupa-Bouillon, de la Grande-Rivière avaient été plus ou moins anéanties ; celles de Fonds-Saint-Denis, de la Basse-Pointe, de la Macouba et du Lorrain, atteintes à des degrés moindres, avaient été évacuées. Si l'on se souvient que cette partie de l'île était la plus riche, l'on peut mesurer l'effort et l'énergie dépensés pour réparer les désastreuses conséquences des éruptions de 1902.

La Trinité offre un port assez sûr aux navires qui viennent apporter le charbon ou chercher le sucre des usines de cette région, où la culture de la canne à sucre est très importante ; ce canton est un des plus populeux de l'île, avec la commune du Robert, dont le bourg est situé sur une hauteur, au fond d'une baie, et celle du Gros-Morne, située dans l'intérieur des terres, et qui est une des zones les plus saines de l'île ; la propriété y est très morcelée et est en bonne partie consacrée à la culture des ananas destinés aux conserves.

la Commission coloniale, composée de sept membres, instituée par le décret de 1879 et dont les attributions sont semblables à celles des Commissions départementales de France.

POPULATION

La population de la Martinique était, en 1921, de 244.439 habitants, chiffre véritablement considérable, non seulement en regard de la superficie de l'île, mais surtout si l'on

Vue générale de Fort-de-France.

Nous avons vu que l'île est représentée au Parlement par deux députés et un sénateur ; elle possède en outre un Conseil général composé de trente-six membres élus au suffrage universel ; le président, le vice-président et le secrétaire sont élus pour chaque session, par le Conseil général ; les conseillers sont élus pour six ans, renouvelés par moitié tous les trois ans et sont rééligibles. Dans l'intervalle des sessions, le Conseil général est représenté par considère qu'une grande partie de cette superficie, composée de hauteurs trop élevées ou d'un relief trop accusé, de régions boisées ou marécageuses, est complètement inhabitée ; la population est beaucoup plus dense sur les côtes qu'à l'intérieur. Certes, la grande majorité des départements français, en proie à la crise de dénatalité qui sévit avec un danger croissant, pourrait prendre modèle sur la Martinique.

Cette population se répartit ainsi :

	Français	Étrangers	Totaux
Arrondissement Nord..	86.533	277	86.810
— Sud ..	156.941	688	157.629
Totaux	243.474	965	244.439

Non seulement toute la population de l'île a augmenté dans de notables proportions, ainsi que l'on pourra s'en rendre compte par les tableaux ci-dessous, mais celle de l'arrondissement Nord, qui était d'environ 85.000 âmes avant la catastrophe de 1902, a, on le voit, atteint 87.000 âmes, malgré la disparition des 30.000 habitants de Saint-Pierre et des communes environnantes, les ruines, les perturbations de toutes sortes consécutives à la catastrophe.

La population actuelle de la Martinique s'élève donc à environ 248 habitants par kilomètre carré, alors que la moyenne est de 135 pour l'ensemble des Antilles, dont on reconnaît que la population est, en général, d'une densité exceptionnelle. Si l'on tient compte des observations notées plus haut sur l'aire d'habitat de l'île, on peut conclure à une densité de 475 habitants au kilomètre carré sur la partie habitée, ce qui représente une jolie proportion et explique le départ de nombreux Martiniquais pour les îles voisines, ou pour la Guyane Française, qui en compte une nombreuse colonie. Rappelons que la densité moyenne de la France est de 70 habitants environ par kilomètre carré et dépasse 200 dans les régions industrielles du Nord et de l'Est.

Tableau de la population de la Martinique à différentes époques

Années	Habitants
1664	23.362
1701	74.042
1769	87.656
1808	96.905
1820	98.273
1848	120.357
1858	137.455
1868	150.695
1888	175.391
1894	189.599
1900	215.000
1903	175.000
1910	184.004
1911	185.835
1921	244.439

Dans cette population, les anciens indigènes de l'île, les Caraïbes, qui la peuplaient lors de la découverte, n'ont aucune part et, sur leur disparition, nous renvoyons à la partie historique de cette étude.

Ainsi qu'on le constate en consultant le premier tableau relatif à la population, celle-ci est entièrement française, puisque, sur les 244.500 âmes qui la composent, on ne compte même pas mille étrangers ; cette population, tant créole descendant des colons français que noire ou mulâtre, est profondément française de cœur et de sentiment ; tout ce qui touche la Mère-patrie a sa vive répercussion dans l'île, et nous ne ferons que reproduire le tableau ci-après qui ornait avec une légitime fierté la salle de la Martinique à l'Exposition nationale coloniale de Marseille de 1922 ; dans son éloquent et émouvant laconisme, il en dit plus long que des pages entières :

Participation de la Martinique

à la Grande Guerre

Mobilisés	14.755
Combattants	9.179
Tués, blessés, disparus...........	1.637
Citations	269
Volontaires	471

Rappelons enfin que l'effort de guerre de la Martinique se poursuivant dans un noble effort de paix et de reconstruction, l'île a adopté l'héroïque ville d'Etain. Cette adoption n'est pas restée une vaine manifestation de solidarité officielle ou sentimentale, mais s'est exprimée par des actes qui se continueront tant que l'aide de la marraine sera nécessaire à sa filleule martyre ; les premiers dons et subventions envoyés à Etain se montaient à 375.000 francs et les prévisions dépassent 500.000 francs.

Les travaux de reconstruction d'Etain se poursuivent activement et un square magnifique appelé « Square de la Martinique » (vote du Conseil municipal d'Etain du 8 janvier 1920) a été installé au cœur de la ville qui, en remerciant sa marraine, déclarait : « Sans elle, ce serait l'impuissance, grâce à elle, c'est la vie ; Etain lui conservera sa reconnaissance éternelle : *Extincto a Barbaris, per Martinicam revivisco.* »

CHAPITRE II

Productions naturelles - Mise en valeur

CULTURES

La Martinique est un pays essentiellement agricole et l'industrie, dans la mesure où elle existe, est en conséquence directe de la culture (sucreries, rhumeries) ou en raison des besoins de cette culture (tonnelleries, scieries, fabriques de glace, fabriques de conserves et confitures, etc.). Nous avons vu, d'autre part, en effet, en esquissant la géologie de l'île, qu'elle ne possédait aucune ressource minérale utile pour alimenter une industrie particulière.

CANNE A SUCRE

Comme dans toutes les Antilles, la principale culture en honneur à la Martinique est celle de la canne à sucre; importée en 1644 par des émigrés portugais venus du Brésil, elle occupe environ 30.000 hectares sur 50.000 cultivés; non seulement elle est encore aujourd'hui la principale culture, mais elle fut longtemps presque la seule. La monoculture, qui fit jadis la prospérité remarquable des Antilles, fut aussi la cause du déclin de leur richesse, déclin qui se manifesta dans la seconde moitié du XIXᵉ siècle : l'extension de la culture de la canne à sucre dans d'autres régions du globe, la production en Europe du sucre de betterave, furent parmi les principales raisons d'ordre économique, d'ordre général, qui vinrent troubler la prospérité des Antilles; il faut y ajouter comme raison profonde locale, les crises politico-économiques qui suivirent l'émancipation des noirs et la suppression de l'esclavage ;

enfin, les ouragans et catastrophes, hélas trop répétés, n'ont pas été sans avoir eu non plus, surtout au début de ce siècle, et malgré l'énergie et l'activité de la population, leur douloureuse répercussion sur la production agricole et la situation économique du pays.

Mais le fait que les Antilles se sont trouvées dans une mauvaise situation, principalement en raison des modifications apportées dans la situation économique mondiale, par suite de l'évolution des conditions générales de cette situation, a rendu plus difficile leur relèvement. Cependant l'effort fourni a déjà porté ses fruits, et les conditions particulières découlant des transformations causées par la Grande Guerre ont permis d'intensifier cet effort : la Martinique a pris sa grande place dans la lutte économique de ces dernières années.

D'une manière générale, il a été plus facile à la Grande-Bretagne, non productrice de sucre métropolitain, d'aider les Antilles anglaises à surmonter la crise sucrière ; si, pour de nombreuses raisons on ne peut et on ne doit renoncer, à la Martinique comme ailleurs, à la culture de la canne à sucre, il est de toute évidence que le véritable moyen d'activer le retour à l'ancienne prospérité et d'éviter de nouvelles crises ruineuses, réside dans l'augmentation des sources de richesse en donnant une place suffisante à d'autres cultures (cacao, ananas, café, vanille) ; c'est ce qu'avait compris — avant la crise ! — Colbert qui, en recommandant au nom du roi, la culture obligatoire dans l'île d'un certain nombre « d'arbres dont le bois entre dans le commerce, comme cacao, coton et autres », signalait déjà les dangers de la monoculture et insistait sur les avantages qui résultent « pour les colonies d'y établir toutes les différentes sortes de culture que la terre peut y produire ».

On ne peut, disions-nous, renoncer à la culture de la canne à sucre, dont le rendement reste actuellement très intéressant ; elle est trop populaire et généralisée dans l'île où elle procure, à l'hectare, un travail qui est devenu une habitude, à environ six travailleurs, alors que la culture vivrière, par ailleurs fort développée, ne demande que trois travailleurs, et celle du cacaoyer qu'un seul.

Ce qu'il faut plutôt continuer à suivre, ce sont les progrès dans la culture, destinés à diminuer le prix de revient, et surtout à permettre d'extraire tout ce qui peut être extrait de la canne récoltée ; à ce sujet, l'importation de la canne à sucre séchée, dont nous parlons plus loin, peut être fort intéressante pour l'avenir. Quant au premier point, à côté du perfectionnement des méthodes culturales employées — notamment en ce qui concerne la sélection des plants et variétés — il faut souhaiter que des questions d'ordre plus général soient de plus en plus à l'ordre du jour : reboisement pour maintenir la régularité du régime des pluies, irrigation, protection des oiseaux.

Puis, à côté de la production du sucre, se développe la production rhumière, d'une importance capitale, spécialement pour la Martinique, et, après le rhum, le sirop et la bagasse. Enfin, l'on peut prévoir d'autres procédés d'utiliser la canne à sucre, et notamment, envisager l'exportation, en France, de la canne à sucre séchée ; cette idée, due à M. Gohier, ingénieur agronome à Madagascar, a été mise au point par MM. Carle et Herscher, industriels, et a fait l'objet d'une intéressante communication à l'Académie d'Agriculture, le 29 décembre 1923.

Si les hauts cours atteints par le sucre à la faveur de la guerre, ont encouragé la création sur place, aux colonies, de nombreuses usines à sucre, il semble que l'intérêt bien compris des rapports entre colonies — pays producteurs agricoles comme la Martinique — et Métropole, doive plutôt demander à ces pays producteurs l'envoi en France de la matière première ; celle-ci y sera traitée plus économiquement et plus complètement.

Le produit auquel sont arrivés MM. Carle et Herscher, est une « poudre de canne » inaltérable, contenant une forte proportion de sucre ; voici les résultats d'analyses auxquelles elle a donné lieu :

Analyses des Raffineries de Saint-Louis

Humidité	3,45
Saccharoses	60,30
Glucoses	2,71
Sels	0,52
Non sucre org.........................	3,02
Celluloses, gommes	29,38
Matières minérales	0,62

Analyse du Syndicat des Fabricants de Sucre

Eau	2,68
Cendres carbonatées	1,68
Sucre Clerget	61,93
Sucres réducteurs	3,00

La canne à sucre séchée est un produit apte à être traité par les appareils de l'industrie betteravière ; elle pourrait donc assurer définitivement et normalement le travail ininterrompu de ces usines ; d'autre part, elle pourrait fournir encore de la cellulose pour la fabrication de la pâte à papier, de l'alcool industriel.

Ce serait l'intérêt des industriels métropolitains de faciliter, d'encourager la culture de la canne à sucre par une entente avec les planteurs, entente qui constituerait la meilleure des collaborations entre la Métropole et la Colonie.

L'île compte 15 usines sucrières ; leurs résultats, quant à l'exportation en 1922, se chiffrent comme suit :

Exportation du sucre d'usine

	Tonnes	Francs
1er trimestre 1922..........	7.611	11.339.913
2e — —	11.203	15.808.138
3e — —	73	108.691
4e — —	119	199.183
Totaux	19.006	27.455.925

soit un peu plus du tiers du chiffre total des exportations (en francs) pour 1922.

En 1921, la Martinique avait exporté 24.000 tonnes pour 37 millions et demi. Sa production est sensiblement égale à celle de la Guadeloupe, mais inférieure à celle de la Réunion : 55.000 tonnes représentant 61 millions de francs. La production totale des colonies françaises en sucre est de 113.000 tonnes d'une valeur de 144 millions de francs (en 1921).

L'exportation de 1922 est inférieure à la moyenne annuelle des cinq années précédentes (24.500 tonnes).

AUTRES CULTURES

Parmi les autres cultures, celle qui tient la place la plus importante est sans contredit celle du cacao. Non seulement le nombre d'arbres plantés va en augmentant, mais la qualité du produit s'améliore grâce aux progrès de la taille, de la fermentation rationnelle appliquée par des propriétaires de plus en plus nombreux.

L'exportation des fèves de cacao a été, en 1922, de 611 tonnes, d'une valeur de 1.498.710 francs. Cette exportation est en augmentation sur les années précédentes (moyenne annuelle des cinq dernières années :

tion reste faible : la moyenne, pour les cinq dernières années, est de 8.000 kilos par an seulement.

Ensuite, nous citerons les ananas, qui servent surtout à la fabrication des conserves, en tant que produits d'exportation (exportation moyenne annuelle des cinq dernières années : 200.000 kilos) ; la culture du gingembre, du campêche, de la vanille (exportation moyenne annuelle des cinq dernières années : 1.000 kilos).

Grands paturages.

500 tonnes) : 315 tonnes en 1920, 551 tonnes en 1918. L'exportation moyenne de beurre de cacao pour les cinq dernières années est de 50.000 kilos ; celle du cacao solubilisé atteint 200.000 kilos.

Le café, après une période de prospérité au début du XIXe siècle, avait peu à peu disparu presque complètement, à la suite de l'apparition de diverses maladies ; toutefois, et grâce au caféier du Libéria, qui offre de belles qualités de résistance, les plantations ont été reprises avec quelque succès, mais sa culture, encore peu généralisée, ne s'étend que lentement et demande à être suivie avec prudence ; du reste l'exportation montre que la produc-

CULTURES VIVRIÈRES

A côté de ces cultures « d'exportation », la culture vivrière a une grande importance à la Martinique, où elle a pris un intéressant développement, conséquence de la suppression de l'esclavage et source de prospérité pour l'habitant ; le nombre des petites propriétés, cultivées par le propriétaire avec quelques ouvriers, réguliers ou non, est considérable ; la culture y est très variée et toute réservée à la consommation locale où à l'expédition pour les îles voisines, — exception faite pour le cacao qui y a presque toujours sa bonne place. — Ce sont des fruits variés : mangues, avocats,

6

goyaves, oranges, mandarines, citrons, limons, pamplemousses, bananes, figues-bananes, etc. ; aux fruits s'ajoutent les légumes : choux variés, patates, ignames, aubergines, piments ; enfin le manioc, dont la consommation est considérable dans l'île ; avec la morue séchée, la farine de manioc représente le fond de l'alimentation du pays. Quelques cacaoyers et quelques touffes de canne à sucre complètent la culture de ces habitations dont les propriétaires vivent sur leurs terres.

ÉLEVAGE

En effet, à côté des produits du sol, ils bénéficient des produits d'élevage : une vache pour le lait, quelques porcs et cabris, de la volaille ; souvent il s'y ajoute un cheval créole, animal de petite taille, mais sobre et d'une grande endurance ; dans le sud, des moutons.

Mais l'élevage, à la Martinique, se borne malheureusement à peu près à cela, et les progrès réalisés sont loin de correspondre non seulement aux possibilités, mais même aux besoins de l'île ; si la production de viande de boucherie a pris un développement intéressant, il est loin d'en être de même pour l'élevage des bêtes de trait qui font encore défaut.

En 1921, il a été exporté pour 12.000 fr. de viande de boucherie fraîche et 53 tonnes de peaux brutes, d'une valeur de 45.898 fr.

FORÊTS

La forêt couvrait autrefois la plus grande partie de la Martinique ; ce qu'il y a à dire à leur sujet consiste, hélas, à déplorer leur disparition ; les régions centrales et les hautes zones restaient leur domaine après les défrichements des parties cultivables ; mais là aussi le déboisement vient les atteindre ; il se produit d'une façon tellement inconsidérée qu'il risque de devenir un véritable danger pour l'île, influant sur la régularité du régime des pluies, sur la constance et le volume du débit des cours d'eau ; en outre, il fait disparaître de magnifiques centres d'excursions.

Aussi faut-il souhaiter que leur extension et leur protection, qui deviennent impérieusement nécessaires, soient rendues plus faciles lorsque sera appliquée la loi du 16 mars 1922 qui donne au Conseil général le droit de légiférer en matière forestière ; il y va de la prospérité même de la Martinique, dont des parties entières finiraient par se trouver frappées de stérilité.

INDUSTRIE

RHUMERIES

Toute l'industrie de la Martinique se résume, peut-on dire, dans l'industrie sucrière ; nous avons vu plus haut quelle était l'exportation du sucre ; un autre produit, celui de la distillation du jus de canne, joue un rôle excessivement important dans l'économie de l'île. L'éloge du rhum de la Martinique n'est plus à faire ; sa réputation est mondiale. La préparation du rhum exige de grands soins, une expérience approfondie ; pendant longtemps la fabrication du rhum fut un monopole de fait de la Martinique, qui traitait non seulement les produits de son sol, mais ceux de la Guadeloupe et des îles anglaises avoisinantes.

Les rhumeries industrielles de la Martinique étant autrefois groupées dans la région de Saint-Pierre, la catastrophe du mont Pelé porta un coup terrible à cette industrie, qui produisait alors 200.000 hectolitres, — consommation locale comprise, — soit l'équivalent de la production totale des Antilles anglaises. Les répercussions de cette catastrophe furent d'autant plus profondes qu'elles amenèrent des changements non seulement dans l'organisation de la production du rhum à la Martinique, mais aussi dans les îles voisines ; tout d'abord à la Martinique la disparition momentanée des rhumeries industrielles amena les usines sucrières à envisager la fabrication directe du rhum ; la production du rhum dans les exploitations agricoles se développa aussi considérablement ; d'ailleurs, et abstraction faite des conséquences immédiates désastreuses causées par la catastrophe, ces modifications internes du régime de la production rhumière n'étaient pas mauvaises par elles-même, mais il n'en fut pas de même des modifications externes.

Ainsi que les usines sucrières de la Martinique, les usines sucrières des autres Antilles furent amenées par la force des choses à travailler elles-mêmes leurs produits, et, à mesure que la fabrication du rhum tombait de moitié à la Martinique en 1904 (voir le tableau ci-après), elle augmentait dans les autres îles qui ne pouvaient plus envoyer leurs produits dans le centre habituel de fabrication.

A présent, la fabrication et l'exportation ont repris leur supériorité, mais celles des autres îles ont conservé de leur importance, notamment, en ce qui concerne les colonies françaises, la Guadeloupe.

Exportation du rhum

	Hectolitres
1898	152.275
1900	157.178
1901	144.644
1902	91.564
1903	90.683
1904	69.023

A partir de cette date, le chiffre des exportations remonte ; dès 1907 il est de 120.031 hectolitres, et atteint ensuite les totaux ci-dessous :

	Hectolitres	Francs
1919	331.091	144.564.893
1920	224.493	89.464.153
1921	149.508	30.379.871

alors que la production totale des colonies françaises est, aux mêmes époques :

	Hectolitres	Francs
1919	586.259	217.243.214
1920	438.035	199.759.557
1921	284.363	64.943.256

Pour 1922, la production rhumière de la Martinique donne les résultats suivants :

	Hectolitres	Francs
1ᵉʳ trimestre 1922	58.512	11.378.553
2ᵉ — —	79.751	17.174.786
3ᵉ — —	68.864	14.930.933
4ᵉ — —	49.817	10.275.138
Totaux	256.944	53.759.410

Dans ce chiffre, la plus grande partie du rhum fabriqué provient des rhumeries industrielles ; voici comment se répartit la fabrication pour l'année 1920 :

	Hectolitres
Fabrication totale	270.484
Distilleries industrielles	149.340
— agricoles	95.000
— mixtes	26.144

Cette production rhumière est des plus intéressantes et doit être encouragée ; elle présente un intérêt capital pour nos Antilles qui ont fait un très gros effort, après la catastrophe de 1902, pour reconstituer un outillage amélioré et perfectionné. Restant en dehors des fluctuations qui atteignent le cours des sucres, elle constitue pour elles une ressource de premier ordre d'autant que, à l'inverse de tant de boissons alcooliques, hélas trop consommées et riches en matières nocives, le rhum, produit naturel, ne saurait être préjudiciable à la santé si l'on en fait un usage modéré : d'ailleurs, la preuve de son innocuité est triomphalement donnée par la population martiniquaise elle-même, qui fait une sérieuse consommation de son produit favori — le tafia — et qui reste remarquablement saine, vigoureuse et prolifique.

Malheureusement, nous verrons tout à l'heure que la législation ne vient pas faciliter l'expansion de cette industrie, dont les conditions se sont trouvées brusquement modifiées par la loi du 31 décembre 1922.

Sans entrer ici dans l'exposé de la fabrication du rhum, signalons les principales catégories de produits auquel elle donne lieu :

Le tafia, le produit de consommation locale, dont le nom le plus classique est « Grappe blanche », est le rhum de jus vert obtenu par la distillation immédiate du jus de la canne ou vesou, tel qu'il sort du pressage ; il contient environ 45 0/0 d'alcool et constitue une sorte de boisson nationale ; de fabrication incomplète, il ne peut vieillir et n'est, en conséquence, pas exporté ;

Le rhum de jus cuit, ou « rhum habitant », est un rhum produit dans les habitations agricoles ou dans les usines sucrières par la fermentation, puis la distillation du vesou cuit et transformé en sirop ; ce rhum, quoique se conservant assez bien, est aussi de consommation locale ; il présente des variétés infinies de bouquet ;

Le rhum industriel, enfin, ainsi dénommé parce que fabriqué dans les usines ou rhumeries industrielles, est le seul exporté. Ces usines travaillent en grand, non seulement les mélasses indigènes, mais aussi des mélasses étrangères ; il semble que l'apport de ces dernières ait produit dans les levures employées à la fermentation du sirop (résultat de la cuisson du vesou) avant sa distillation, des ferments spéciaux ; en tout état de cause, ce rhum possède un arôme particulier connu sous le nom de grand arôme et qui fait son prix.

Quelques producteurs de « Grappe blanche » arrivent, avec certains soins, à transformer leur tafia en un rhum très fin, approchant des eaux-de-vie ; l'étude chimique des différents ferments qui agissent dans ces fabrications permettra sans doute d'apporter même au rhum de consommation locale la fixité souhaitable, sans nuire à leurs divers arômes.

Une grave question vient de se poser pour l'industrie rhumière, celle du contingentement des rhums : jusqu'alors, l'introduction du rhum des colonies françaises en France jouissait d'un régime de faveur, sans limitation de quantité, lorsque, soudainement, l'article 9 de la loi du 31 décembre 1922 fixa à 160.000 hectolitres de rhum (en alcool pur, décret du 20 février 1923), la quantité de rhum pouvant dorénavant être importée en France ; ce con-

particulièrement la Martinique, tant en raison de l'importance de sa production que de celle de la limitation qui l'atteignait.

La question du contingentement a causé et cause encore de nombreuses discussions ; partisans et adversaires ne manquent pas d'arguments à l'appui de leur thèse ; comme les modifications fréquentes de statut légal sont encore la pire des choses, il semble que l'accord pourrait être obtenu grâce à une fixation

Rhumerie de la Rivière Blanche.

tingentement attribuait 80.000 hectolitres à la Martinique, 60.000 hectolitres à la Guadeloupe, 18.000 hectolitres à la Réunion, 1.133 hectolitres à l'Indochine, etc. ; et, en conformité des dispositions légales, le gouverneur de la Martinique répartit ainsi les 80.000 hectolitres attribués à la Martinique :

15 usines à sucre avec 48.165,29 hect. ;
122 distilleries agricoles et industrielles avec 31.834,71 hectolitres.

Cette limitation, votée par surprise, est vraiment excessive, surtout après les appels lancés pendant la guerre en vue d'une production toujours plus intensive ; elle a profondément troublé les pays producteurs et frappé tout

plus élevée du contingentement global, plus en rapport par suite avec la production utile de nos colonies. Une étude serrée de cette question a été faite par M. René Théry dans le supplément colonial de *L'Economiste Européen* : nous y renvoyons ceux de nos lecteurs désireux de l'approfondir.

Après le sucre et le rhum, la canne à sucre donne encore d'autres produits d'une importance moins considérable et d'une utilisation purement locale : le « sirop de batterie », résultat de l'enlèvement de l'écume montant à la surface du vesou pendant sa cuisson ; le gros sirop, produit par l'égouttement des sucres ; les mélasses, constituées par les bas-produits de la fabrication du sucre; enfin la bagasse, qui est la canne à sucre broyée, après avoir été desséchée au four, et qui sert de combustible dans les sucreries et rhumeries. Le gros-sirop et le sirop de batterie sont utilisés dans l'alimentation humaine, la mélasse dans l'alimentation du bétail.

représentés à la Martinique, où non seulement Fort-de-France, mais les grands centres ruraux offrent tous les avantages et toutes les ressources d'agglomérations françaises de même importance.

Les cordonneries et tanneries présentent même un intérêt particulier quant à leurs pro-

Une rhumerie.

AUTRES INDUSTRIES

Les autres industries de la Martinique présentent une importance moindre et sont surtout propres à la consommation locale où destinées à servir à l'industrie sucrière et rhumière; c'est ainsi que la tonnellerie revêt une certaine importance, bien qu'il soit importé de nombreux fûts vides dans l'île (pour une valeur de 2.620.585 francs en 1922). Il existe aussi des scieries utilisant surtout des bois du Canada (3.055 tonnes importées en 1922, représentant 1.192.703 francs) et des ébénisteries pour l'usage local; une certaine exportation de meubles se produit pour la Guyane.

D'ailleurs, tous les corps de métier sont

duits ; et le stand des sandales était spécialement admiré à l'Exposition de Marseille ; la fabrication des costumes locaux est également intéressante. Citons encore des imprimeries, dont une du gouvernement, qui suffisent aux besoins de l'île, des fonderies de bronze et des forges, des fabriques d'objets en terre cuite, huit fours à chaux.

Côté alimentation, la Martinique produit en outre des confitures et conserves variées et fort appréciées, dues aux nombreux fruits délicieux qu'elle récolte : ananas, goyaves, oranges, prunes, cerises, etc. ; liqueurs de choix, chocolat et cacaos, farines de manioc. Ces produits se retrouvent à l'exportation ; pour la consommation locale, nous trouvons en outre, à la Martinique, des fabriques de pâtes alimentaires, des fabriques de glace, onze fabriques d'eaux gazeuses, des brasseries, une vinaigrerie, etc.

Enfin la pêche occupe un grand nombre d'habitants et donne lieu à un important commerce du poisson pêché et à une petite industrie relative aux nombreux instruments de pêche et accessoires nécessaires ; la pêche en mer se fait au moyen de légères pirogues en bois de gommier, montées par trois à six hommes. Le poisson le plus apprécié est une espèce de rouget (*mullus barbatus*), puis le bonite et le thon commun, qui fournissent une chair appréciée ; on pêche aussi des anguilles de mer ou congres, sans oublier l'anguille de rivière ou murène. Enfin il ne faudrait pas négliger les titiris, tout petits poissons ramassés à certaines époques à l'embouchure des rivières et qui servent à confectionner un mets local fort en honneur : les titiris à l'étouffée.

La pêche aux crustacés donne de belles langoustes, des crabes variés et des crevettes qui remontent dans les rivières presque jusqu'à leur source.

Parmi les mollusques, citons les oursins qui, sous le nom de « chadrons », entrent aussi dans la fabrication d'un mets local : l'omelette aux chadrons.

CHAPITRE III

Commerce - Navigation - Tourisme

COMMERCE

Le mouvement du commerce général de la Martinique offre des fluctuations concordant naturellement avec les crises politiques et économiques qui ont marqué son histoire et que nous avons rappelées au chapitre historique.

SITUATION GÉNÉRALE DU COMMERCE

Au commencement du XIXᵉ siècle, la Martinique profita de l'expansion brillante, conséquence de l'ère de paix qui s'ouvrait pour elle et pour les Antilles après les guerres de l'Empire ; en 1818, son commerce général se chiffrait par environ 50.000.000 de francs, somme d'autant plus importante eu égard à l'époque. Les premiers troubles, consécutifs à la révolution de 1830, eurent leurs effets forcés ; mais la culture de la canne à sucre donnait alors régulièrement, et avec un excellent rendement et, de 1830 à 1840, le total général demeure à peu près fixe autour de 30.000.000 de francs. Ce chiffre devait remonter à partir de 1845, grâce aux mesures d'apaisement prises dans l'île, grâce aux conditions générales du commerce dans le monde : il atteignait près de 52.000.000 de francs en 1847.

1848 marque, au point de vue commercial, une chute brutale : le mouvement du commerce général, pour cette année, se chiffre par 28.962,215 francs, et, à la suite d'une lente progression, ce n'est qu'en 1860 que le chiffre de 1847 est atteint à nouveau.

Les progrès, à cette période, sont dûs en partie au perfectionnement des cultures, mais surtout à l'organisation industrielle qui, presque inexistante jusqu'alors, prit à ce moment, à partir de 1862, un vigoureux essor ; d'autre part, et si les événements de 1848 causèrent une terrible crise immédiate, la transformation sociale qui s'ensuivit eut de très heureuses conséquences tant sociales qu'économiques, par l'instauration du régime de la petite propriété.

La guerre de 1870-1871 ne put avoir de conséquences sur la situation économique des Antilles, et, avec quelques fluctuations dues uniquement à la valeur des récoltes, la progression du mouvement général du commerce de la Martinique suit une marche ascendante jusqu'en 1882, où il atteint 67.366.401 fr., se répartissant en 28.373.660 francs à l'importation et 38.992.741 francs à l'exportation.

A partir de cette époque, la situation changea ; d'abord, et il faut le reconnaître, pendant la période de prospérité, l'île ne se montra ni économe, ni prévoyante ; les travaux d'ordre général (ports, voies ferrées, etc.), pas plus que d'ordre particulier (maintien de l'outillage industriel au niveau des progrès accomplis ailleurs) ne furent ce qu'ils auraient dû être ; aussi, lorsque le commerce du sucre perdit sa belle régularité, l'île subit des crises successives qui compromirent gravement sa situation. La production du sucre se développa en effet considérablement dans le monde, d'abord par l'extension de la culture de la canne à sucre, mais surtout par l'entrée dans le commerce de l'industrie betteravière. L'augmentation considérable du sucre dans le monde amena des spéculations et les cours connurent des différences dont les pays producteurs eurent forcément à souffrir; enfin, et pour comble d'infortune pour la Martinique, le terrible cyclone de 1883 sembla inaugurer une période de bouleversements naturels qui vinrent ajouter leur somme de malheurs aux difficultés causées à la fois par les changements dans l'économie mondiale et par les conséquences de l'incurie des générations précédentes.

Les chiffres suivants jalonnent la période de difficultés économiques que la Martinique eut à subir depuis 1882; avec des hauts et des bas, le mouvement commercial va diminuant pour atteindre son point le plus bas après la catastrophe de 1902; puis une progression régulière se manifeste jusqu'à la Grande Guerre : à ce moment, la Martinique prend part au mouvement de grosse production nécessitée par les conditions générales économiques d'alors : depuis, cette prospérité se maintient en son ensemble, mais en subissant néanmoins les conséquences des difficultés dans lesquelles se trouve actuellement placé le monde entier.

Années	Importations	Exportations	Total général
1882 ...	28.373.660	38.992.741	67.366.401
1883 ...	33.222.504	36.351.188	60.573.692
1886 ...	23.735.026	20.379.808	44.114.834
1891 ...	33.659.875	22.939.385	56.599.260
1895 ...	21.158.936	19.645.771	40.804.707
1898 ...	23.528.390	21.796.431	45.324.821
1900 ...	24.929.348	27.160.890	52.090.238
1901 ...	26.973.431	24.016.649	50.990.080
1902 ...	19.111.972	16.251.658	35.363.630
1903 ...	30.389.568	15.104.073	35.493.641
1904 ...	14.987.791	12.654.521	27.633.312
1905 ...	14.759.172	18.069.422	32.828.594
1906 ...	14.907.882	18.812.130	33.720.012
1907 ...	15.940.039	18.997.221	34.937.260
1908 ...	15.363.285	20.785.091	30.148.376
1909 ...	16.160.898	22.111.719	38.272.617
1910 ...	19.562.847	27.587.223	47.150.070
1911 ...	19.854.859	22.582.729	47.437.588
1912 ...	21.520.301	30.523.455	52.043.756
1913 ...	22.144.315	28.896.814	51.041.129
1914 ...	22.121.747	29.769.843	51.891.590
1915 ...	23.278.363	43.479.132	66.757.495
1916 ...	33.853.904	60.989.831	94.843.735
1917 ...	56.569.283	81.392.263	137.961.546
1918 ...	54.770.959	50.800.171	105.571.130
1919 ...	74.670.165	172.705.220	247.375.385
1920 ...	132.186.519	128.953.479	261.139.998
1921 ...	84.508.370	89.110.544	173.618.914
1922 ...	66.508.950	94.696.052	161.205.002

Pour les deux dernières années, les chiffres globaux ci-dessus se répartissent comme suit, les premiers chiffres se rapportant à 1921 et les seconds à 1922 :

Part de la France ...	33.798.468	71.114.488	104.912.956
d°	32.620.249	86.478.511	119.098.760
Part des Colon. franç.	4.536.394	4.858.123	9.394.517
d°	1.203.288	1.851.570	3.054.858
Part de l'étranger ..	46.173.508	13.137.933	59.311.441
d°	32.685.413	6.365.971	39.051.384

En étudiant ces tableaux nous voyons que ces chiffres font apparaître la courbe ascendante du mouvement général du commerce pendant la guerre; il faut remarquer que la nécessité de suppléer à la diminution des échanges avec la France, — diminution qui fut la conséquence de la situation de la France en guerre, ainsi que des difficultés de transport, et porta surtout sur les importations devenues insuffisantes, — augmente le pourcentage du commerce de la Martinique avec l'étranger; ce pourcentage, qui était, en 1913, de 22,28 0/0 du commerce général, 46,42 0/0 des importations et 3,78 0/0 des exportations, s'est élevé successivement à :

24,82 0/0 en 1914 : 52,99 0/0 pour les importations et 3,91 0/0 pour les exportations ;

23,60 0/0 en 1915 : 63,51 0/0 pour les importations et 2,16 0/0 pour les exportations ;

26,38 0/0 en 1916 : 69,23 0/0 pour les importations et 2,59 0/0 pour les exportations ;

39,11 0/0 en 1917 : 79,27 0/0 pour les importations et 11,20 0/0 pour les exportations.

Depuis cette époque, la part de la France a repris à l'étranger ce que la guerre lui avait fait perdre : elle est, pour 1922, de 73,94 0/0 du commerce général, alors que la part de l'étranger a été ramenée à 24,16 0/0, la part des colonies française étant de 1,90 0/0.

EXPORTATIONS

Nous avons vu, en étudiant les productions de l'île, les chiffres d'exportation des principaux produits : rhum, sucre, cacao, peaux brutes, ainsi que les différentes conserves et confitures, liqueurs, etc. Signalons encore, à titre d'indication, un produit qui entre pour un chiffre important dans les exportations : la houille : 69.339 tonnes, représentant 8 millions 328.900 francs (en 1922) ; mais il ne s'agit ici que d'une réexportation représentant la houille fournie aux navires venus se ravitailler à Fort-de-France.

IMPORTATIONS

Dans la même année 1922, la houille figure à l'importation pour 74.536 tonnes, d'une valeur de 9.535.781 francs ; en 1921, il avait été importé 69.512 tonnes ; sa provenance est presque exclusivement étrangère.

Parmi les principaux produits d'importation figurent :

La farine de froment : 5.546 tonnes en 1922, 4.682 tonnes en 1921, d'une valeur respective de 5.049.933 francs pour 1922 et 6.002.105 francs pour 1921 ; sur ce dernier chiffre, la part de la France n'est que de 70.505 francs ;

Les machines : 1.282 tonnes en 1922, pour 2.661.184 francs ;

Les tissus et confections, d'une valeur de 4.895.191 francs en 1922 ;

Les engrais chimiques, superphosphates de chaux, nitrate de soude, sulfate d'ammoniaque : à lui seul, ce dernier produit représente une valeur de 1.525.114 francs ;

Les gazolines, pétroles et essences ;

La morue séchée : 2.139 tonnes, d'une valeur de 2.732.794 francs ;

Les vins, qui représentent une importante importation française, ainsi que l'indique le tableau suivant se rapportant à 1921 :

Vins ordinaires

1.248.476 fr., dont 1.246.436 fr. en provenance de France.

Vins de liqueur

817.701 fr., dont 815.927 fr. en provenance de France.

Champagne

255.637 fr. en totalité de France.

Vins mousseux

80.246 fr., dont 74.246 fr. en provenance de France

Les savons, en provenance de France, représentent aussi une part importante : savon ordinaire, en 1921 :

551.968 kilos, d'une valeur de 1.255.650 francs dont

401.714 kilos, d'une valeur de 897.739 francs venus de France.

Sur 262.558 francs que représente l'importation des savons parfumés, la part de l'étranger n'est que de 492 francs !

Il n'en est, hélas, pas de même pour les automobiles, presque toutes de provenance étrangère ; en 1922, vingt-trois nouveaux véhicules, d'une valeur de 478.026 francs, ont été introduits dans l'île.

Tous les produits importés de France ou des colonies françaises sont des produits français ou des colonies françaises ; les principaux importateurs étrangers sont l'Amérique ; sur le total des importations étrangères de 1921 (46.000.000) les Etats-Unis représentent 36 millions et demi, Haïti, 900.000 francs, Panama, 435.000, et un peu plus de 1 million pour les autres pays de l'Amérique ; le reste de l'importation étrangère est fourni par l'Europe : l'Angleterre en tête avec un peu plus de 2 millions de francs, les Pays-Bas (1 million), la Belgique (362.000), l'Italie (100.000), l'Allemagne (16.205), etc.

MOUVEMENT GÉNÉRAL
DE LA NAVIGATION

Le mouvement général de la navigation donne les chiffres ci-dessous :

Années	Import.	Export.	Valeur
1919	341.206	378.260	247.375.886
1920.	455.561	542.038	251.683.664
1921.	474.439	511.171	173.618.914

Le mouvement des navires (entrées et sorties) a passé de 1.554 en 1919 à 1.217 en 1920 et 1.016 en 1922 ; ces derniers se décomposent en 520 pour les sorties et 496 pour les entrées, répartis comme suit :

Entrées des Navires au Long Cours pour 1921

	Français	Anglais	Américains	Hollandais	Divers	Total
(Long cours)						
Vapeurs	53	4	»	»	»	
Voiliers	4	2	»	3	4	
Total	57	6	»	3	4	70
(Cabottage)						
Vapeurs	58	27	42	5	3	
Voiliers	68	166		19	38	
Total	126	193	42	24	41	426
Total général.	183	199	42	27	45	496

COMPARAISON AVEC LE COMMERCE TOTAL
COLONIAL

L'étude de la situation commerciale de la Martinique montre le gros effort de production fourni et les intéressants résultats obtenus ; elle fait notamment ressortir la part prise par l'île dans l'effort mondial 1914-1918; si les chiffres élevés atteints jusqu'après cette époque sont en voie de diminution, il ne faut pas voir dans ce fait une régression spéciale à la Martinique : cette baisse est la conséquence de la situation générale et est connexe à celle subie notamment par le commerce total des colonies françaises : ce commerce se chiffrait en 1921 par 2.269.684.604 francs pour les importations et 2.428.490.778 francs pour les exportations, soit un total de 4.698.175.382 francs, ce qui représente une diminution sur 1920 de 1.122.763.120 fr. pour les importations et de 333.803.962 fr. pour les exportations, soit une diminution totale de 1.456.567.082 francs. On peut d'autant plus avoir confiance qu'il ne s'agit ici que d'une indication passagère et accidentelle que les chiffres de 1921 restent cependant supérieurs à ceux de la moyenne quinquennale des années 1916 à 1920.

COMMUNICATIONS

PORTS

Nous avons vu que le plus grand port actuel de l'île pour les relations extérieures était celui de Fort-de-France; c'est le seul port d'escale pour la Compagnie Générale Transatlantique et c'est, par conséquent, à Fort-de-France que débarquent tous les voyageurs à destination de la Martinique; les autres ports ouverts au commerce extérieur sont ceux de La Trinité, du François et du Marin.

LIGNES DE NAVIGATION

Les départs des paquebots de la C. G. T. ont lieu environ tous les quinze jours, soit de Bordeaux, soit de Saint-Nazaire; la durée de la traversée est de douze à treize jours, et son prix varie de 1.325 francs (2ᵉ classe), à 4.300 francs (cabine de luxe) pour un passager; le prix d'une cabine de 1ʳᵉ catégorie, par passager, est de 2.300 francs.

En outre, des lignes annexes relient directement la Martinique aux autres Antilles ainsi qu'à la Guyane. Certaines lignes de paquebots anglais et américains font également escale à Fort-de-France; notamment il y a un service régulier de ligne postale anglaise, sur Southampton avec transbordement à La Barbade. Enfin, signalons que la ligne des Messageries Maritimes, France, Tahiti, Nouvelle-Calédonie, via Panama, fait escale à Fort-de-France.

POSTES, TÉLÉGRAPHES, TÉLÉPHONES

La Martinique fait partie de l'Union postale; la Compagnie Générale Transatlantique assure la régularité de ses relations avec la France; le service postal est placé sous les ordres d'un chef de service spécial et dépend, comme nous l'avons vu plus haut, du Service des contributions diverses.

Le tarif postal est le même que celui du service intérieur de France. Un câble sous-marin, exploité par la Société française des Télégraphes sous-marins, en vertu d'un traité conclu avec l'Administration de l'île, met la Martinique en communication avec les Etats-Unis et l'Europe; la taxe est de 9 fr. 90 le mot.

A présent il existe en outre à Fort-de-France un poste de T. S. F. entrant directement en communication avec la France; le poste de Lareinty reçoit les radio-lettres de Paris.

L'île est entièrement desservie par un réseau téléphonique.

Les colis-postaux sont tous débarqués à Fort-de-France, seul bureau participant au service international des colis postaux; de là, ils sont acheminés par les lignes locales sur les divers bureaux du service intérieur, moyennant une taxe de 0 fr. 40 par colis jusqu'à 5 kilos, et de 0 fr. 60, par colis de 5 à 10 kilos. Le coût d'envoi d'un colis postal pour Fort-de-France est de 3 fr. 40 jusqu'à 1 kilo; 5 fr. 50 de 1 à 3 kilos; 9 fr. 90 de 5 à 10 kilos.

ROUTES ET CANAUX

La Martinique présente un réseau routier d'un développement de plus de 1.100 kilomètres, dont 43 routes de 6 mètres de largeur sont entretenues par les Travaux publics (longueur : 558 kilomètres). Ce réseau, empierré sur 400 kilomètres environ, est entretenu dans de bonnes conditions et sert à une circulation d'autant plus active depuis que, en 1914 seulement, les automobiles ont été introduites dans l'île.

Il a nécessité de nombreux travaux d'art en raison de la configuration montagneuse de l'île, et passe sur soixante-six ponts. Le crédit inscrit au budget pour les travaux de routes a passé de 280.000 francs en 1910 à 1.120.480 francs en 1920.

Les autres routes, — chemins vicinaux dont 69 sont carrossables, — sont ouvertes et entretenues par les communes.

Il y a dans la colonie deux canaux principaux, celui du Lamentin et celui de la Rivière-Salée. C'est par ces canaux que les communes du même nom communiquent avec la mer; ils sont navigables en toute saison; leur profondeur moyenne est de deux mètres et leur largeur de six mètres.

MOYENS DE TRANSPORTS

Il n'y a pas de voies ferrées à la Martinique. L'étude d'un réseau de chemin de fer a souvent été faite, notamment en 1881, et, plus tard, en 1884-1885, par une mission dirigée par M. l'ingénieur Jourjon, dont les plans, levés et devis seront très utiles à consulter.

A la suite d'études, de pourparlers au sujet de la création d'un réseau de lignes furent engagés entre la colonie et un entrepreneur français, M. Duparchy. Jusqu'à présent, ils n'ont pas abouti. Divers autres projets de voies ferrées entre certaines localités, de tramways à vapeur, de services d'automobiles sont à l'étude. Il est à espérer que, d'ici quelques années, la colonie sera dotée de moyens de transports plus rapides et mieux appropriés à ses besoins.

Seuls, des chemins de fer industriels et agricoles à voie étroite ont été jusqu'ici établis pour l'exploitation des usines centrales à sucre; ces lignes ont atteint un développement total de 182 kilomètres.

Un nouveau projet de tramways électriques, avec utilisation des chutes d'eau, est à l'étude. Il comporte, pour la première partie, le trajet de la Basse-Pointe à la Trinité et à Fort-de-France par la croisée du Lamentin, sur une longueur de 80 kilomètres environ.

Paysage martiniquais.

A l'intérieur, le transport de la poste et des voyageurs est assuré par des services de voitures automobiles subventionnées par le budget local qui laissent, en général, à désirer. Ces services existent, aller et retour, entre Saint-Pierre et Macouba. — Fort-de-France, la Trinité et le Lorrain. — Le Lamentin et le Robert, Fort-de-France. — Le Vauclin et le Marin. — Fort-de-France, Sainte-Anne. — Fort-de-France, le François.

Des bateaux à vapeur assurent les communications deux fois par jour, aller et retour, entre Le Lamentin et Fort-de-France; le Petit-Bourg et Fort-de-France. — Deux fois par semaine, aller et retour, entre Fort-de-France et le Marin, avec escale aux Anses-d'Arlets, le Diamant, la Rivière-Pilote, Sainte-Anne. — Deux fois par semaine, aller et retour, entre Fort-de-France et le François, avec escales à la Grand'Rivière, la Basse-Pointe, le Macouba, le Marigot, Sainte-Marie, la Trinité et le Robert. — Chaque jour, aller et retour, entre Saint-Pierre et Fort-de-France.

Des canots assurent les communications journalières entre les Anses-d'Arlets et Fort-de-France; les Trois-Ilets et Fort-de-France; la Case-Pilote à Fort-de-France et Schœlcher à Fort-de-France.

Des yachts à vapeur remorquant de grands chalands, des petits caboteurs et pirogues font le transport des marchandises entre les divers points de l'île.

Introduites en 1914 dans l'île, les automobiles sont appelées à y rendre de grands services : le développement et l'amélioration du réseau routier, facilitant leur développement, permettrait de se passer des voies ferrées, si coûteuses et d'une utilisation moins souple.

En janvier 1923, on comptait à la Martinique, 655 automobiles ainsi réparties :

Voitures touristes	519
Camionnettes (de 1 à 2 t.)	122
Camions (plus de 2 t.)	14

Malheureusement, sur ces 655 voitures, on n'en comptait que 40 françaises, les autres sont américaines ; ces voitures peuvent actuellement utiliser près de 50 kilomètres du réseau routier ; les poids lourds roulent sur 344 kilomètres.

Les taxes frappant les autos sont de 50 fr. par voiture de une à deux places ; de 90 fr. par voiture de plus de deux places, plus 5 fr. par c. v. français. L'essence revenait, en janvier 1923, à 1 fr. 15 le litre, en bidon, ou à 45 francs les 36 litres en caisse. Il n'est pas fait usage d'huile végétale : seule est employée l'huile minérale dont le prix, suivant les marques, varie de 1 fr. 50 à 4 francs le litre. Signalons pourtant, en passant, l'usage de l'huile de ricin dans l'industrie locale, pour le graissage des machines : son prix est de 3 fr. 85 le litre.

Quant à la bicyclette, elle est également utilisée, mais son usage, comme instrument de tourisme, est peu étendu dans un pays aussi accidenté et, en général, chaud.

Nous avons vu que les canots servaient déjà aux transports publics ; au point de vue sportif, les canots automobiles non pontés peuvent être utilisés dans la baie de Fort-de-France et sur la côte de Fort-de-France au Prêcheur, au nord, ou jusqu'aux Anses des Arlets, au sud, ainsi que sur les canaux. Vu l'état de la mer, on ne peut, par ailleurs, se servir que de canots pontés et d'un certain tonnage.

LA VIE A LA MARTINIQUE

SPORTS

Le goût des sports et leur pratique se répand de plus en plus à la Martinique, où une partie de la jeunesse s'y donne avec entrain et avec succès. La Fédération Sportive de la Martinique a décidé l'ouverture d'un vaste stade moderne. Ce stade, édifié sur un terrain de 5 hectares, sera le plus vaste et le mieux aménagé des Antilles; il comprendra notamment : courts de tennis, terrain de foot-ball, hippodrome, vélodrome, piscines, douches.

CHASSE, PÊCHE

Nous verrons que la pêche compte parmi les ressources de l'île ; la chasse est plus limitée : terre volcanique, la Martinique renferme une faune peu riche, et seuls des oiseaux (pigeons, tourterelles, gibier d'eau) ou un mammifère habitant les bois, le manicore (genre de sarigue) peuvent être chassés; d'ailleurs, cet exercice présente un danger : la rencontre du trigonocéphale, qui est, hâtons-nous de le dire, en voie de disparition, grâce à l'introduction de la mangouste.

Tout ce que nous avons dit de la Martinique montre que c'est un pays de choix pour le tourisme, qui tend également à s'y développer; les hôtels y sont bons et le voyageur étranger à l'île n'a à redouter ni de manquer de gîte, ni de le payer trop cher; dans les principaux hôtels, on paye un prix de pension variant entre 20 et 30 francs par jour; en séjour, on peut vivre à moins et compter sur une dépense minimum journalière de 15 francs. En outre, le nombre des excursions à itinéraires classiques et l'infini des promenades variant suivant les goûts de chacun : côtes, montagnes, forêts, cultures, usines, laissera, d'un séjour à la Martinique, un souvenir particulièrement exquis.

CONCLUSION

Le noble passé de la Martinique répond d'ailleurs de son avenir; l'île a maintes fois, au cours de son histoire parfois tourmentée, fait preuve d'une énergie et d'une volonté de vivre que la Grande Guerre a mis une fois de plus en valeur; si tout n'y est pas encore aussi bien qu'on pourrait le souhaiter, du moins les activités locales s'emploient-elles à créer les améliorations nécessaires et l'île est prête à participer pour une large part et jusqu'à concurrence de 70 millions de francs à l'exécution du programme des grands travaux élaboré par M. Sarraut.

Pour terminer ce coup d'œil jeté sur la Martinique, nous croyons ne pas pouvoir mieux faire, en forme de conclusion, que de citer les dernières lignes de la magistrale conférence faite à Marseille, le 25 septembre 1922, par M. Théodore Baude, commissaire de la Martinique à l'Exposition Coloniale de Marseille. Après avoir auparavant salué « cette sentinelle avancée qui montre fièrement le drapeau de la France et qui, depuis bientôt trois siècles rappelle et personnifie le plus notre patrie dans ces régions lointaines », M. Baude terminait ainsi :

« De tout ce qui précède, n'ai-je pas bien le droit de conclure que la Martinique est une petite France d'outre-mer qui continuera sa marche en avant, dans l'ordre, le travail et le progrès, sous le regard maternel et bienveillant de la grande et douce patrie, dont elle est, en réalité, un département, éloigné sans doute, mais rapproché par le cœur et par des liens que rien ne rompra, comme le jure la fière devise inscrite dans les armes de Fort-de-France, sa capitale... « Semper Francia! »

BIBLIOGRAPHIE

La Notice de la Section de la Martinique à l'Exposition de 1900 donna un aperçu bibliographique assez complet des ouvrages se rapportant à la Martinique avant cette époque.

Depuis, les principaux ouvrages parus sont ceux de M. Legier (*La Martinique et la Guadeloupe, Sucrerie indigène et coloniale*, Paris 1905) ; et de M. Chemin-Dupontès sur *Les Petites Antilles* (Paris, Guilmoto 1909) ; nous renvoyons nos lecteurs à cet ouvrage de fond qui traite magistralement l'histoire des crises économiques des Antilles en général et de chacune en particulier, et montre leur évolution et leurs possibilités.

Nous avons eu recours également au *Guide du Touriste aux Antilles Françaises*, paru chez Larose en 1913, et dû, pour la Martinique, à MM. Laisant, Juvanon et Barrallier; à la notice éditée en 1919 par l'*Office Colonial*; à la notice de *La Martinique à l'Exposition Coloniale de Marseille de 1922* et enfin aux publications documentaires et statistiques de l'Agence Générale des Colonies. A ce propos, il nous est un agréable devoir d'exprimer tous nos remerciements à M. Orbin, l'actif bibliothécaire de l'Agence Générale des Colonies, dont les connaissances et l'amabilité sont inépuisables.

QUATRIÈME PARTIE

La Guyane

PAR

Léon JACOB

Commissaire de la Guyane à l'Exposition Coloniale de Marseille (1922)

LA GUYANE

CHAPITRE PREMIER

Historique - Géographie physique - Géographie politique

HISTORIQUE

La Guyane doit son nom à des tribus indiennes de *Guyanos*, *Guyanas* ou *Guyanazes*, que les premiers voyageurs rencontrèrent en explorant les rives de l'Orénoque. Ce terme servit à désigner d'abord la région des montagnes vénézolanes ou vénézuéliennes au sud de l'Orénoque, puis bientôt cette vaste contrée de l'Amérique du Sud comprise entre l'Orénoque, l'Atlantique, l'Amazone, le Rio Negro, affluent de l'Amazone, qui, d'ailleurs, constitue une unité géographique distincte. Actuellement la Guyane est partagée entre le Venezuela, au nord, le Brésil, au sud, les Anglais, les Hollandais et les Français qui sont établis dans les territoires compris entre l'embouchure de l'Orénoque et celle de l'Oyapok.

Les frontières de ces colonies ont été longtemps mal délimitées; depuis la paix d'Utrecht, la France a disputé au Brésil une région riche et vaste de 260.000 kilomètres carrés, aujourd'hui définitivement attribuée au Brésil et désignée pendant des siècles sous le nom de *Territoire contesté franco-brésilien*; de nos jours, nos possessions comprennent environ le neuvième de l'immense *Ile Guyanaise* dont l'étendue dépasse 700.000 kilomètres carrés.

La Guyane a été reconnue, dès la fin du XV° siècle, probablement par Christophe Colomb; mais c'est Vincent Pinzon qui, le premier, a relevé le littoral (décembre 1499-

septembre 1500). Les Espagnols échouèrent dans leurs efforts pour fonder là une colonie, tandis que plus heureux les Portugais s'installaient sur les rives de l'Amazone.

Le grand navigateur anglais, Walter Raleigh, visita la Guyane à la fin du XVI° siècle et en donna une description enthousiaste dans son récit de voyage. C'est alors que la légende se répandit en Europe que le dernier des Incas, chassé par les bandes de Pizarre, s'était réfugié dans ce pays avec ses fabuleux trésors; là, dans la ville de Manao Del Dorado, vivait le roi doré El Dorado, se baignant dans l'or liquide, logé dans un palais de féerie. L'espoir de découvrir les richesses de l'El Dorado attira des Hollandais, des Anglais, des Français. Nos premiers établissements datent du début du XVII° siècle.

Le 12 janvier 1604, un gentilhomme, Daniel de la Touche de la Ravardière, parti de Cancale, atteignait Cayenne et recevait le titre de lieutenant général de l'immense région qui s'étend des bouches de l'Amazone à la Trinitad et de vice-amiral des côtes du Brésil. Richelieu s'intéressa au développement de ce domaine lointain que l'on appelait la *France équinoxiale*. Mais les tentatives de la Compagnie rouennaise *Rosée Robin*, de Jacob Bontemps, ne furent pas heureuses. En 1635, Cayenne est fondée par Poncet de Bretigny, qui par sa brutalité et sa tyrannie, amène la ruine des postes français.

En 1652, une nouvelle Compagnie dite *des douze seigneurs ou de la France équi-*

noxiale débarque huit cents colons à Cayenne, mais les tribus indiennes révoltées, repoussent les nouveaux venus. Après ce désastre, les Hollandais s'emparèrent, en 1654, de Cayenne et de nos possessions; ils y restèrent dix ans. En 1664, Colbert crée la *Compagnie des Indes Occidentales* qui devait avoir, pendant quarante ans, la pleine possession de tous les établissements français en Amérique. Mais La Barre, mis à la tête de la Compagnie, ne sut pas défendre Cayenne contre les corsaires anglais, qui, en 1667, incendièrent et massacrèrent tout.

Une ère de prospérité commença, en 1674, avec la disparition de la *Compagnie des Indes Occidentales* et l'administration directe de la colonie par la Couronne. Sous l'impulsion de Colbert, de nombreuses plantations se fondent sur le littoral et pour avoir des travailleurs, on transporte des nègres d'Afrique.

En 1672, Richer avait fait, à Cayenne, une découverte de premier ordre; grâce à ses observations sur le pendule, il avait pu démontrer l'aplatissement polaire du globe. Des missionnaires, et en particulier les Jésuites Grillet et Béchamel, entreprirent l'exploration scientifique du pays, mais ce n'est qu'au XVIIIᵉ siècle que se firent les grands voyages géographiques.

Après la mort de Colbert, l'on tenta d'étendre la domination française jusqu'à l'Amazone. De Férolles, gouverneur de la Guyane, entreprit la construction d'une route qui devait joindre Cayenne à l'Amazone. Le traité d'Utrecht (1713) nous donna comme limite une rivière Yapok ou Vincent Pinzon, qu'aucun navigateur n'avait encore reconnue. Ce fut l'origine de tractations séculaires.

Le XVIIIᵉ siècle a été l'époque de l'exploration sérieuse de la Guyane avec La Condamine (1713-1744), le médecin Barrère, Simon Mentelle, qui, pendant près d'un demi-siècle, étudia comme ingénieur tout le littoral; les botanistes Patris, Aublet, auteur d'un ouvrage célèbre sur les *Plantes de Guyane;* Leblond, qui rechercha surtout les plantes utiles, tout en étudiant les mœurs des indigènes. Enfin, l'ingénieur Guisan, chargé de travaux de canalisation, fit des recherches sur la géographie et l'utilisation économique de la colonie.

Malheureusement, un événement déplorable vint soudainement ruiner le renom du pays. En 1763, la France venait de perdre le Canada, l'attention se portait vers les débris de notre domaine colonial américain. Le duc de Choiseul et son cousin Praslin obtinrent de LOUIS XV la concession d'un vaste territoire situé entre le Kourou et le Maroni. La Guyane reçut le nom de *France équinoxiale,* et, pour attirer les colons, on se livra à Paris et en province, à une propagande alléchante. Le mirage de l'Eldorado guyanais entraîna une foule d'aventuriers mal préparés à devenir colons. Des flottes entières amenèrent à la Guyane 13.000 à 14.000 émigrants. A bord même des navires, le typhus avait commencé à décimer les malheureux qui furent débarqués sur les plages du Kourou et aux îles du Salut où ils étaient entassés pêle-mêle, « sans maisons, ni magasins, ni hôpitaux ». Le chevalier de Préfontaine avait bien publié, sous les auspices de Choiseul, une curieuse *Maison rustique à l'usage des habitants de la France équinoxiale,* connue *sous le nom de Cayenne ;* des comédiens faisaient bien partie de l'expédition pour charmer les loisirs des habitants, mais le chevalier de Turgot, gouverneur de la France équinoxiale (novembre 1764-juillet 1765), avait négligé les approvisionnements de vivres, et l'organisation des lieux de débarquement. Plus de la moitié des infortunés colons succomba, en quelques semaines, des suites du typhus et de la famine. En cinq mois, il y avait eu dix mille morts. Le désastre avait été grand et les organisateurs de cette triste expérience, pour se disculper en quelque sorte, répandirent le bruit que le climat était seul coupable, et c'est de cette époque que date la mauvaise et injuste réputation d'insalubrité de la colonie, qui, encore aujourd'hui, est un obstacle si sérieux à son développement.

Néanmoins, de nombreux voyageurs tentèrent l'aventure jusqu'à la Révolution, et des essais de colonisation, dirigés en 1768 et 1776 par le baron Bessner, amenèrent à la Guyane l'intendant Malouet, qui parvint, malgré de grandes difficultés, à donner une certaine impulsion à la culture.

En 1789, on comptait à la Guyane 2.000 Français, 2.000 mulâtres libres, 2.000 Indiens et 12.000 esclaves nègres ; le commerce, relativement important, atteignait 2.000.000 de francs.

La Révolution, par une loi généreuse du 14 juin 1794, rendait la liberté aux 12.000 esclaves. Mais aucune mesure administrative ne put contraindre les esclaves émancipés à produire ; ils se dispersèrent, vivant de chasse ou de pêche, et les planteurs furent ruinés. La Guyane ne produisait plus rien. C'est alors qu'en 1797 et 1798, au lieu d'envoyer à la Guyane des travailleurs libres et expérimentés pour remplacer les esclaves, le Directoire transporta à Sinnamari des députés, des journalistes, des écrivains au nombre de plus de 500. Un navire, la *Charente*, avait amené de France 329 condamnés, dont 171, plus de la moitié, succombèrent rapidement aux fatigues, au découragement, à la maladie. Ces convois d'exilés, dont certains étaient célèbres (Carnot, Barthélemy, Pichegru, les déportés du 18 Fructidor an V, Collot d'Herbois, Billaud-Varenne, Laffon-Ladebat) contribuèrent de nouveau à donner à la Guyane une horrible renommée et un nouveau discrédit; contrée de pestilence et de mort, la colonie était le « tombeau des Européens ».

Après la paix d'Amiens, l'esclavage de nouveau rétabli, Bonaparte, l'esprit rempli des souvenirs de l'ancienne prospérité coloniale et maritime de la France, conçut le curieux projet d'envoyer Pichegru, alors prisonnier, à Cayenne, avec les moyens d'exploiter le pays. « Allez trouver Pichegru dans sa prison, il connaît le pays. Demandez-lui combien il faut d'hommes et de millions pour coloniser Cayenne. Je les lui donnerai. » Pichegru refusa et bientôt Trafalgar, en assurant à l'Angleterre la maîtrise des mers, venait rompre toutes les relations entre la France et ses colonies d'Amérique. Un gouverneur énergique, Victor Hugues, qui administra la Guyane de 1800 à 1809, ne put, réduit à ses seules forces, résister à une escadre anglo-portugaise (décembre 1908), qui vint l'assiéger à Cayenne. Il capitula le 12 janvier 1809, en stipulant que la colonie serait remise, non aux troupes britanniques, mais à leurs alliés. Les Portugais, à cette époque maîtres du Brésil, occupèrent la Guyane jusqu'en 1817, malgré les stipulations des traités de 1814 à 1815, qui la rendaient à la France.

Le XIXᵉ siècle a été, pour notre possession, une époque de tranquillité ; sous la Restauration et la Monarchie de Juillet, on peut signaler les essais de colonisation du gouverneur Laussat, et surtout de la sœur Javouhey, fondatrice et supérieure de l'ordre de Saint-Joseph de Cluny, qui vint se fixer de 1818 à 1847, sur les bords de la Mana, avec des sœurs de sa communauté, des engagés et plusieurs centaines d'esclaves. Avec une grande force de volonté et de persévérance, elle fonda divers établissements, plantations, asiles, écoles, hôpital, léproserie. Le village, ou bourg actuel de Mana, est toujours l'un des plus salubres et des plus florissants de la colonie.

L'abolition de l'esclavage par la Révolution de 1848, produisant les mêmes résultats que l'émancipation de 1794, enleva aux colons la main-d'œuvre servile. Les nègres émancipés cessèrent de travailler, et c'est alors que l'on imagina d'organiser en Guyane la colonisation pénale. Après la loi du 20 mai 1854, arriva à Cayenne le premier convoi de forçats. La « guillotine sèche », tel fut alors le nom populaire donné à Cayenne, devenu depuis synonyme de bagne meurtrier.

Pourtant, en 1854, la découverte dans le Haut-Approuague, de riches gisements aurifères, venait aussi réveiller la légende du vieil Eldorado, et des aventuriers des deux mondes partirent à la recherche de l'or. Il se produisit dès lors en Guyane le phénomène observé vers la même date, ou plus tard, en Californie, dans la Nouvelle-Galles du Sud, la colonie de Victoria et l'Australie Occidentale, au Transvaal ou au Klondike, bref dans tous les pays aurifères ; ce fut un « rush » d'une partie de la population vers les champs d'or, qui offraient des perspectives d'enrichissement subit ; déjà les travaux de l'agriculture ne déplaisaient que trop à la population noire, qui venait, quelques années plus tôt, de bénéficier de la généreuse et immortelle mesure de l'émancipation (1848) et voyait dans l'attachement au sol un vestige des servitudes d'antan. Les colons, durement atteints dans leurs intérêts immédiats par l'abolition soudaine de l'esclavage, virent leurs exploitations abandonnées. En même temps, venait des Antilles, des Guyanes voisines et du Brésil, un courant d'immigration spontané, ayant l'or pour unique mobile. C'est de cette époque que date le déclin de toute exploitation des richesses agricoles et forestières, déclin qui n'a jamais pu être combattu par un afflux de population, méthodiquement introduite, comme les Anglais et les Hollandais ont su le faire dans leurs Guyanes. Sur des superficies un peu plus vastes, il est vrai, mais dans des régions qui participent des mêmes conditions géologiques, climatériques, hydrographiques, la Guyane Néerlandaise et la Guyane Britannique sont parvenues à un stade plus avancé de développement. C'est que la Guyane Hollandaise enrichie par une immigration intelligemment réglementée et renouvelée de travailleurs venus des îles de la Sonde, compte près de 100.000 habitants et que la Guyane Britannique, où ont été transportés de nombreux Hindous, ne possède pas beaucoup moins de 300.000 habitants. Il convient de dire aussi que les deux Guyanes Hollandaise et Anglaise contiennent plus de voies de communication que la nôtre. Enfin, il faut ajouter, pour être complet et véridique, que le choix de la Guyane, comme colonie pénitentiaire, un long défaut d'initiative chez ses administrateurs dans la seconde moitié du siècle passé, un trop fréquent manque de cohérence et d'esprit de suite dans les efforts entrepris, et parfois même une certaine négligence du pouvoir central ont été, depuis soixante-dix ans, hélas! de puissantes causes de retard dans l'essor économique, car, par une singulière infortune, cette colonie qui est l'une des plus anciennes de notre admirable empire d'outre-mer, est l'une des moins connues. Non seulement une assez grande partie de son sol est à peu près inexplorée, mais encore les régions qui en sont connues, celles même qui sont habitées, ont parfois, en France, une telle réputation, qu'il est permis de conclure qu'on les ignore.

Pourtant, depuis cinquante ans environ, les voyages d'exploration de Crevaux et de Coudreau n'avaient pas seulement mieux fait connaître la géographie de la *France équinoxiale*, mais encore détruit la légende qui en faisait une « terre de désolation et de mort ». Coudreau, après plusieurs années passées à la Guyane, écrivait : « Il est une région où la fièvre, le grand fléau de la colonie, n'existe pas, c'est la région des prairies et des savanes. La colonisation y est infiniment moins périlleuse, moins pénible, moins coûteuse que la colonisation en forêt. »

SITUATION

La Guyane Française est la portion de territoire comprise entre le fleuve Maroni à l'ouest, qui la sépare de la Guyane Hollandaise, le fleuve Oyapok à l'est, et les Monts Tumuc-Humac, au sud, qui la séparent du Brésil, l'Océan Atlantique au sud. Les frontières actuelles ont été définitivement délimitées par une sentence arbitrale du président de la République Helvétique du 1er décembre 1900. Le Brésil se voyait attribuer un territoire considérable, sur lequel nous semblions posséder des droits séculaires.

Ce territoire, qui a une longueur de côtes de 320 kilomètres (non compris les îles qui bordent le littoral) possède une superficie totale d'environ 80.000 à 90.000 kilomètres carrés, soit le sixième à peu près de la superficie de la France.

COTES

La région du littoral est marécageuse, les lais alternant avec la dune, où se développent les buissons épineux, l'agave, l'opuntia. La côte est elle-même basse et monotone, marquée seulement par la ligne des palétuviers qui s'étend jusqu'à l'horizon.

Les fleuves charrient d'énormes quantités de limons que la mer balaie à leur embouchure, donnant lieu à une formation alluvionnaire incessante.

Quelques îles rocheuses parsèment l'Océan près de la côte, à l'ouest, les îles du Salut (Saint-Joseph, îles Royale et du Diable) archipel relativement important à cause de son mouillage profond; à l'est, l'Enfant perdu et les îlets de Rémire (Malingres, Père, Mère, Mamelles), enfin près de l'Approuague, le Grand et le Petit Connétable.

GEOLOGIE

Au point de vue géologique, la Guyane est un vaste massif de granit et de gneiss, analogue au plateau brésilien. Son relief actuel consiste, suivant M. Charles Velain, en une série de terrains ondulés, disposés parallèlement à la côte et s'élevant successivement vers la chaîne montagneuse de Tumuc-Humac.

On distingue dans la Guyane Française deux régions nettement distinctes : 1° *les terres basses*, voisines de la côte, souvent alluviales, parfois marécageuses, où la forêt qui couvre presque tout le pays, est interrompue de place en place par de grandes savanes portant, au lieu d'arbres, une végétation d'arbustes et d'herbes atteignant hauteur d'homme. C'est cette zone basse qui a été la première explorée, habitée et mise en valeur par des travaux agricoles ; c'est celle où se sont établies les agglomérations et où l'on a construit les routes ; 2° *les terres hautes*, dont on peut marquer le début vers les premiers sauts ou rapides des rivières. Ces terres hautes comprennent d'ailleurs elles-mêmes des gradins successifs jusqu'aux monts Tumuc-Humac, lesquels ont une altitude moyenne de 500 à 800 mètres avec quelques pitons atteignant 1.000 et même 2.000 mètres. Mais à la différence de ce qui se passe aux Antilles, aucune trace d'action volcanique n'existe dans la colonie, laquelle ne connaît ni éruption, ni tremblement de terre.

Les monts Tumuc-Humac comprennent les monts Lorguin, Timotaken, Tapurangnan-

"Notre Domaine Colonial"
56°
54°
OCÉAN ATLANTIQUE
6°
Paramaribo
Mana
St Laurent
St Jean
Galibi
Iracoubo
Tollinche
Sinnamary
Apatou
Morne Isolé
Passoura
Kourou
Dusserre
St Elie
Macouria
Cayenne
la Malingre
le Père
St Pierre
Montsinéry
la Mère
Saut Peter Soungo
Tonnegrande
Roura
le Gd et le Pt Connétable
v. Pinheiros
Saut Poligoudou
Mt Soufflet
pte Béhague
Mgne d'Argent
Cap d'Orange
Agoussadikissi
Mgne Pelée
Guizambourg
Saut Cedede
Tayra
Mt Lucas
Cotica
Coromontibo
Mt Touroua
Fl. St Georges
Mt Atachibaca
Saut Gde Roche
Kétikéti
Mt Ouitiriou
Emerillons
Indiens
Koubi-Souia
Mt Jade
Mt Savoupi
Mte Pelée
Mgne Leblond
Mt Alikéné
Yamaïké
Mt Itoupa
Camopi
Oyapock
Capitaine François
Counani
Yaroupi
Pianacaye
Mt de Bamacos
Pèio
Mt Maunoir
Pililipou
Mt Gaulhet
Apoîké
Roucouyennes
Pic d'Amana
Pic Ieneket
Mt Moroco
Mapa
Mt Lorquin
Mt Itoulaken
Mt Tapoumaowé
Caolé
Monts
Ouira
Pic Crevaux
Tumuc-Humac
GUYANE
Yacoumen
Echelle
Jary R.
0   20   40   60   80   100   120   140   160   Km.
Courous
56°
G. Béolet
GUYANE HOLLse
BRESIL
Maroni
Boni
Tapanahony
Hari
Itany
Tapanaowé
GUYANE Fse
Cotica
Gd Saut Hermina
Iles du Salut
I. du Diable
I. Royale
Kaw
pt Isère

noue, le pic Crevaux, les monts Tayaoutou, Ourouanour Irare, Mitanana.

En dehors des monts Tumuc-Humac et descendant parallèlement à la côte, on rencontre : 1° la chaîne centrale d'une hauteur de 200 à 400 mètres, avec les montagnes Françaises, la montagne Magnétique, le mont Le Blond, la montagne des Emerillons, le mont Isoupa ; 2° la chaîne côtière avec les montagnes de Fer, des Singes, de la Condamine, les monts Macouria, Saparouna, la montagne Pelée, les montagnes de Caux ou Kaw et d'Approuague.

HYDROGRAPHIE

L'abondance des pluies donne à la Guyane une grande richesse en cours d'eau. Les fleuves Guyanais sont nombreux et leurs affluents se ramifient à l'infini, peu de pays sont sillonnés de plus de cours d'eau. Seuls l'Oyapok et le Maroni prennent leur source au Tumuc-Humac, les autres, tel le Mana, naissent dans la chaîne centrale ; les plus faibles sortent de la ligne montagneuse la plus rapprochée de la côte. Les plus importants, en commençant par l'ouest, sont le Maroni, qui a une longueur totale de 625 kilomètres, dont 75 kilomètres sont navigables, il possède lui-même un vaste réseau d'affluents, le Mana, le Sinnamary, le Kourou, la rivière de Cayenne, qui reçut les premiers colons au début du XVII° siècle, le Mahury, l'Approuague, qui mesure 310 kilomètres, dont 60 kilomètres sont navigables ; le Quanary et l'Oyapok ou Ouya Pucu, qui signifie rivière longue, il mesure 425 kilomètres, dont 75 kilomètres sont navigables.

On donne ordinairement le nom de criques aux petits affluents de ces rivières.

La direction générale des cours d'eau est sud-nord, et par conséquent perpendiculaire aux lignes montagneuses ; s'ils ont pu facilement creuser leur lit dans les gneiss et roches tendres, ils ont trouvé des barrages de roches dures, d'où la grande quantité de rapides et de chutes dangereuses et infranchissables. Le régime des fleuves varie considérablement avec les saisons; laissant à découvert une grande partie de leur lit à la saison sèche, ils ont des crues d'hivernage qui atteignent en quelques heures des différences de niveaux de plusieurs mètres, conséquence inévitable de la présence des barrages. L'action de la marée est sensible dans ces cours d'eau jusqu'à une distance atteignant parfois 60 et 80 kilomètres de la côte; au point où cette action cesse, leur lit présente généralement un seuil rocheux plus ou moins élevé, formant barrage, portant dans le pays le nom de « saut » et correspondant au terminus de la navigation libre.

A partir de ce point, les sauts qu'on rencontre en remontant les rivières, se multiplient. Les cours d'eau ne s'échappent, en effet, nous l'avons dit, de la haute région que par une série de rapides qui interdisent toute navigation continue et ne permettent l'utilisation des rivières que dans les biefs. Encore, les embarcations légères, les pirogues, montées par des canotiers expérimentés (nègres Bonis et Boschs), sont-elles les seuls et les médiocres moyens de cette navigation sans cesse interrompue. La pénétration dans le haut pays est ainsi rendue très pénible. Non seulement les sauts obligent à de nombreux débarquements des voyageurs et du matériel, mais encore, il faut parfois tirer à terre l'embarcation, la porter à bras d'hommes, puis la remettre à flot en amont au delà du rapide. Il convient d'ajouter que tantôt la saison des crues, tantôt celle des basses eaux et, en tous temps, la présence de troncs d'arbres tombés à l'eau, apportent de nouvelles difficultés à cette navigation rudimentaire.

CLIMATOLOGIE

Au point de vue du climat, la Guyane est, par excellence, une terre des tropiques et se trouve sous l'influence des vents alizés du nord-est; pourtant le voisinage de l'Equateur permet aux vents du sud-est de s'y faire aussi sentir.

A Cayenne, le vent normal dont la direction est est-nord-est commence à souffler au début de décembre, atteint son intensité la plus forte en janvier et février pour faiblir avec l'équinoxe du printemps.

A la période des calmes succèdent vers juillet des brises du sud-est, mais les ouragans sont rares, les cyclones, les tornades, la foudre et la grêle sont à peu près inconnus.

Deux saisons se partagent l'année, la saison sèche ou été, la saison des pluies ou hivernage. L'hivernage correspond à l'époque où domine le vent alizé du nord-est et les pluies très abondantes commencent à tomber vers novembre pour durer jusqu'à juin et juillet. Pendant les premiers mois, les pluies sont faibles et même interrompues en février et mars. On donne, en Guyane Française, le nom d' « été de mars » ou de « petit été » à cet assèchement de la température. En mai, commencent les grandes pluies, ou *pluies de la Poussinière*. C'est l'hivernage proprement dit qui peut durer jusqu'en juillet. A Cayenne, qui n'est certes pas le point le plus pluvieux, la hauteur d'eau tombée dans l'année est, en général, de 3 mètres à 3 m. 50, mais dans les

La saison, dite sèche, dure, en général, du début de juillet à la mi-novembre.

La température reste d'un bout de l'année à l'autre, assez élevée, et ne descend jamais au-dessous de 25°. A Cayenne, la tempéra-

Une rue de Cayenne.

forêts, les appareils enregistrent jusqu'à 4 m. 50. Les surfaces boisées semblent d'ailleurs recevoir plus de pluies que les plaines de culture. On peut donc admettre que l'extension des défrichements aurait comme conséquence de diminuer, dans une certaine mesure, l'intensité des pluies.

ture moyenne est de 26°4 et la moyenne générale varie de +26° à +28°. Les moyennes des extrêmes sont + 20° et + 33°. Tous les jours de l'année, comme il arrive sous ces latitudes, sont presque uniformément longs. Ceux de juin (les plus longs) ont une durée d'environ 12 h. 18 m. Le jour le plus court, le

22 décembre, a une durée de 11 h. 42 minutes.

Malgré la chaleur, la salubrité reste à la Guyane très supérieure à ce qu'enseigne, bien à tort, une légende accréditée depuis trop longtemps. La Guyane n'est pas, n'a jamais été le « tombeau des Européens ». La salubrité y est comparable à celle de la plupart des pays tropicaux, avec des avantages analogues et des inconvénients similaires. Le soleil et le paludisme n'y sont pas plus à craindre qu'à la Martinique ou à la Guadeloupe. L'eau potable abonde. Le lac Rorota, en particulier, fournit à Cayenne une eau excellente. Sans qu'on y ait jamais entrepris de grands travaux d'assainissement, la mortalité dans la colonie est moindre qu'elle ne l'était il y a trente ou quarante ans au Sénégal ou au Congo. On rencontre des Européens qui y ont accompli volontairement et sans dommage, huit et dix ans de séjour consécutifs.

Il est pourtant indéniable que la Guyane renferme des parties marécageuses qui sont malsaines; et que seuls des travaux d'assèchement pourraient assainir. Mais dans la plus grande partie de la colonie, il est possible aux Européens de s'établir définitivement en prenant les précautions élémentaires et ordinaires d'hygiène et de nourriture.

L'on conseille généralement aux émigrants d'arriver à la fin de l'hiver, aux environs de « l'été de mars ».

POPULATION — ETHNOGRAPHIE

Le contraste est grand entre l'étendue du pays, la fertilité prodigieuse de ce riche sol des tropiques et le nombre relativement faible des habitants d'origines extrêmement diverses (Indiens aborigènes, Nègres immigrés, Créoles et Européens).

Suivant les fluctuations de la population pénale, les chiffres varient entre 40.000 et 50.000 habitants; nous indiquons ici les résultats de la statistique de 1921 qui donne une population totale de 44.000 habitants, se décomposant ainsi :

a) Population des communes : 26.800 habitants, sur lesquels Cayenne compte à elle seule environ 11.500 habitants ;

b) Militaires (y compris les surveillants de l'Administration pénitentiaire) : 500 habitants ;

c) Chercheurs d'or et autres non recensés individuellement, il s'agit des travailleurs et quelquefois même des maraudeurs qui vivent dans la forêt, isolément ou par groupes, et dont le nombre exact est assez difficile à préciser) : environ 11.000 habitants ;

d) Tribus indigènes recensées (Indiens Aborigènes, tels que les Emerillons, les Roucouyennes, Bonis, Boschs) : environ 2.400 habitants ;

e) Population pénale : 3.300 habitants. En 1890, le chiffre de la population s'élevait à environ 30.000 habitants; on peut donc évaluer l'augmentation à près d'un tiers pour une période d'environ trente ans.

PEAUX-ROUGES

Les habitants primitifs de la région guyanaise peuvent être classés en trois groupes principaux : les Arouaques, les Caraïbes et les Tipis, très rapprochés par leurs caractères physiques et leurs habitudes de vie, mais parlant des langues assez différentes.

Les statistiques officielles ne recensent que les Peaux-Rouges habitant les régions voisines des côtes; quant aux Indiens, vivant encore à l'état sauvage ou demi-sauvage, leur nombre était évalué par Coudreau à 10.000 à l'époque de son exploration (1887).

Les Caraïbes sont représentés à la Guyane Française et par les Galibis, qui habitent les bords des rivières de Kaw, du Mahury, de l'Orapu, de Lacomté, de Cayenne et de Tonnegrande. En 1652, on comptait une vingtaine de leurs villages autour de Cayenne; aujourd'hui, ils ont presque complètement disparu ; on rencontre quelques familles éparses sur le Sinnamari, sur l'Iracoubo et la rive gauche du Maroni. Les Galibis sont petits, grêles, avec une figure ronde, molle, imberbe. Les Galibis parlaient un dialecte qui était devenu une sorte de langue commune pour toutes les tribus. C'est du galibi que sont passés en français les mots aujourd'hui si répandus de *pirogue, hamac, caïman.* Les fameux Roucouyennes de l'intérieur, ainsi nommés par les créoles à cause du roucou dont ils se peignent le corps sont aussi des Caraïbes. Les Roucouyennes paraissent plus grands qu'ils ne le sont, à cause de leur buste très développé contrastant avec un développement médiocre des membres. Ils ont les doigts des mains très courts et les pieds larges et plats. Ils sont actuellement répandus entre l'Oyapok et le Maroni.

Les deux principales tribus *tipis,* de la Guyane sont les Oyampi des Tumuc-Humac, et les Emerillons, établis entre l'Approuague et le Maroni. Ce sont des agriculteurs qui fournissent de vivres, particulièrement de manioc, les chercheurs d'or des placers ; ils parlent généralement le patois de Cayenne et ont adopté les habitudes créoles.

Parmi les tribus des régions de l'intérieur, il en est plusieurs complètement sauvages : les Oyaricoulets, les Trios, les Aramichaux, établis entre le Tapanahony et l'Aoua.

NÈGRES

La traite des noirs a introduit depuis le XVIIᵉ siècle, à la Guyane comme aux Antilles, une population d'origine africaine qui, avec les

Les trois tribus noires des Boschs, des Bonis et des Saramacas se consacrent à l'agriculture et assurent le ravitaillement des orpailleurs, mais ils sont en décroissance constante. Quoique le climat de la Guyane convienne parfaitement aux noirs, la mortalité infantile est relativement grande chez eux. Au XVIIIᵉ siècle, les négrillons, mal soignés, mouraient de convulsions ; aujourd'hui les principales maladies des noirs sont la lèpre, le beriberi, la variole, la syphilis; les noirs

SAINT-LAURENT-DU-MARONI.

mulâtres, représentent aujourd'hui l'élément le plus considérable.

Les noirs de la Guyane se divisent en deux groupes : 1° Les descendants des esclaves émancipés en 1794 ou 1848, qui ont continué à vivre sur les côtes avec les créoles et les Européens ;

2° Les noirs indépendants, descendants de nègres révoltés ou nègres marrons, réfugiés dans les retraites inaccessibles du Haut-Maroni. Aujourd'hui connus sous le nom de nègres Boschs, ou nègres des Bois, ils habitent au bord des cours d'eau en communautés organisées, ayant à leur tête un chef, sans grand pouvoir d'ailleurs. Au-dessus de tous les chefs, il y a un chef suprême, le Grand Man.

parlent le créole de Cayenne, ils ont conservé quelques mots des dialectes africains.

En dehors des noirs et des Indiens Peaux-Rouges, nous avons à la Guyane des travailleurs indigènes d'origine arabe, annamite ou sénégalaise, et quelques insulaires de Madère et des Açores, désignés sous le nom de Portugais et confondus souvent avec les Brésiliens voisins.

ADMINISTRATION

La Guyane, qui est située à 7.000 kilomètres de la France, possède des cadres administratifs assez nombreux. A sa tête se trouve un Gouverneur, nommé par décret du Président de la République, assisté d'un conseil privé où siègent le secrétaire général de la colonie, le commandant militaire, le procureur général, le chef du service pénitentiaire et deux notables nommés par décret.

La Guyane nomme un député au Parlement français et possède un Conseil général composé de seize membres, élus par le suffrage universel.

Le chef-lieu de la colonie est Cayenne, siège de tous les services généraux.

Cayenne possède une justice de paix, un tribunal de première instance et une cour d'appel. Une cour d'assises y siège également. Il y a aussi un tribunal de première instance à Saint-Laurent-du-Maroni, des juges de paix à Mana, Sinnamary, Iracoubo, Kourou et Approuague.

La Guyane est divisée en quatorze communes administrées chacune par un maire, assisté d'un conseil municipal.

La commune de Cayenne, qui doit probablement son nom à un chef indigène, n'est devenue chef-lieu définitif qu'en 1877. La ville, grande et bien bâtie, abondamment pourvue d'eau potable, contient la plus grande agglomération de la Guyane (plus de 11.500 habitants) et s'étend au pied du monticule verdoyant du Ceperou. Les bâtiments officiels occupent de vastes emplacements entourés de magnifiques parcs et d'avenues de palmiers. Bien exposée à la brise, Cayenne jouit naturellement d'un climat salubre. Le port, éclairé par le phare de l'Enfant perdu, attend depuis longtemps des travaux d'agrandissement, son amélioration fait partie du programme Sarraut.

La colonie publie un *Bulletin officiel* et un *Annuaire*, son budget pour l'Instruction publique est d'environ un million pour 1923. Depuis 1889, l'enseignement primaire est donné gratuitement dans les écoles laïques établies dans toutes les communes et recevant actuellement 1.800 élèves. Le collège de Cayenne a un effectif d'environ 120 élèves et un crédit de 30.000 francs a été inscrit en 1923 au budget pour l'organisation de l'enseignement technique et professionnel.

SERVICE MÉDICAL

Il existe deux hôpitaux dans la colonie et une léproserie; celle-ci est installée à l'Acarouany. Plusieurs médecins et pharmaciens assurent le service de ces institutions et donnent leurs soins à la population civile.

La lèpre est répandue à la Guyane, aussi le projet Sarraut a-t-il demandé la création rapide de dispensaires spéciaux pour le traitement des malades atteints d'affections exotiques.

Chaque dispensaire disposerait de deux pavillons pour l'hospitalisation des grands malades.

Le programme minimum d'améliorations aux établissements actuels comporte la réinstallation de l'Institut d'hygiène et de bactériologie de Cayenne et la création de « préventoriums », dont un à Cayenne, un autre à Mana, un troisième à Sinnamary.

POSTES ET TÉLÉPRAPHES

Cayenne possède un bureau de poste central qui assure un service régulier entre le chef-lieu et les communes. Un réseau télégraphique relie Cayenne à Macouria, Kourou, Sinnamary, Iracoubo, Mana, et aux établissements pénitentiaires du Maroni et des Iles du Salut.

Des câbles de la Compagnie française des câbles télégraphiques sous-marins relient la Guyane à la France via Antilles et au monde entier.

Un poste radio-télégraphique est installé à Cayenne, il est en communication avec la Martinique et la Guadeloupe et il relie la capitale à la région si déshéritée de l'Approuague.

Récemment, en 1921 et 1922, des essais intéressants de poste aérienne et de transports par avions ont été tentés à la Guyane et demeurent à l'ordre du jour. Quand ces projets pourront être réalisés, Cayenne ne sera plus qu'à cinq heures de distance de l'Inini, alors qu'aujourd'hui il faut trois semaines par route et par pirogue pour transmettre un message.

BANQUES

On ne rencontre à la Guyane qu'un seul établissement de crédit, établi à Cayenne. C'est la Banque de la Guyane créée par la loi du 30 avril 1849 et dont le capital a été fixé à 600.000 francs par le décret du 4 novembre 1875. Le trésorier-payeur de la colonie assiste aux réunions du Conseil d'administration comme commissaire du Gouvernement. Les opérations de la banque sont fort fructueuses et la situation de cet établissement est très prospère. Sa principale fonction consiste à émettre des billets qui n'ont cours légal que dans la colonie. Elle fait également toutes les opérations ordinaires de banque et le commerce des métaux précieux. C'est le développement considérable de l'industrie aurifère de la colonie qui a heureusement influé sur les affaires de la banque et les finances de la colonie.

CHAPITRE II

Productions naturelles - Mise en valeur

ETAT ECONOMIQUE

L'état économique général de la colonie se ressent de la pénurie de la population et, par suite, de la main-d'œuvre.

Grâce à l'action combinée de la chaleur et des pluies, la fertilité du sol de la Guyane, surtout dans les terres alluviales de la zone littorale, n'est guère surpassée dans le monde. Là se rencontrent à la fois des prairies propres à l'élevage du bétail (pâturage des savanes), des cultures comme celles du riz, du maïs, du cacao, de la canne à sucre, de la banane, du café, du manioc, du poivre, etc., enfin l'immense forêt, qui couvre de ses riches et nombreuses essences tout l'intérieur du pays, vient mourir sur cette zone littorale et y pousse des avancées qui achèvent d'en augmenter la fortune.

Dans la seconde moitié du XIXe siècle, cette riche région fut pourtant abandonnée pour l'intérieur. En 1854, l'or fut découvert dans le Haut-Approuague, puis successivement dans la haute vallée du Kourou, du Sinnamary, du Mana, du Maroni.

Pendant longtemps le métal jaune accapara les capitaux et la main-d'œuvre de la colonie.

Mais cette ère de stagnation, ou même de régression, est aujourd'hui close. Depuis quelques années, notre vieille Guyane commence à s'éveiller de son sommeil léthargique. Un esprit nouveau souffle sur elle. Un mouvement très intéressant et très heureux, qui a débuté avant la guerre et que la longue durée des hostilités a naturellement ralenti, se dessine à cet égard et se précise. Des projets de péné-tration par voie ferrée ont vu le jour ; des sociétés se sont fondées pour l'exploitation scientifique des richesses forestières et l'expor-tation méthodique des bois guyanais ; un groupe franco-américain, constitué avec le plus important capital social qui ait jamais été consacré à une œuvre de ce genre dans la colonie, a entrepris des dragages aurifères dans le lit du Maroni; une puissante station de T. S. F. est en montage près de Cayenne, qui permettra de converser directement avec les Etats-Unis et avec Dakar (en Afrique Occidentale Française) ; un syndicat d'initiative vient de se créer à Cayenne pour sti-muler les énergies, attirer les capitaux, exciter l'esprit d'entreprise.

FLORE

Le monde végétal est représenté d'une façon prodigieuse à la Guyane, comme d'ailleurs dans toute la région des tropiques. On ne compte pas moins de deux cent soixante essences forestières dans la colonie, alors que la France n'en possède guère que le dixième. En 1872, le botaniste Grisebach estimait déjà à trois mille cinq cents le nombre des espèces guyanaises connues.

Les légumineuses sont les plus répandues, puis viennent les fougères et les orchidées. Les palmiers, dont on compte trente espèces, ont une importance apparente bien supérieure à leur nombre, grâce à leur aspect admirable, d'où le nom de région des Palmiers que l'on a quelquefois donné à la Guyane. Il n'est d'ail-leurs pas possible de faire l'interminable énumération de toutes les plantes alimentaires, oléagineuses, médicinales, résineuses, aromatiques, tinctoriales, textiles, qui font de notre colonie une prodigieuse réserve de matières premières, un inépuisable magasin où, pendant de nombreuses générations, l'industrie européenne pourra venir s'alimenter. Nous passerons successivement en revue les produits de l'agriculture proprement dite, les ressources forestières, puis les productions secondaires du sol guyanais, dont certaines constitueront un jour à elles seules d'immenses richesses.

Le sol arable guyanais est de formation gneissique primitive ; on distingue les terres hautes et les terres basses, selon qu'il y eut décomposition sur place ou transport par les eaux ; la séparation des haute et basse Guyane se fait aux premiers « sauts » des rivières. Les argiles et sables siliceux dominent dans ces terres où se trouvent en plus faible proportion de la potasse, de la soude et des traces de chaux.

Au point de vue agrologique, le sol guyanais se présente sous trois aspects : terrains sableux, argiles et terrains humides plus ou moins desséchés.

Les terres hautes de montagnes sont couvertes de futaies et tout indiquées pour la culture des arbres à épices, les terres hautes de plaines forment des savanes capables de fournir, après quelques soins, de superbes pâturages. Les terres basses bordant le littoral atlantique s'étendent sur une profondeur moyenne de 40 à 50 kilomètres et s'étalent aux embouchures des cours d'eau ; on divise la basse Guyane en « Section du vent » (de l'Oyapock à Cayenne), et « Section sous le vent » (de Cayenne au Maroni).

AGRICULTURE

On a déjà vu que le sol de la Guyane est propre à un grand nombre de cultures. Le fait est si vrai qu'avant l'abolition de l'esclavage, la Guyane Française exportait en Europe d'importantes quantités de sucre, de café, de cacao, d'épices, de rhum, de coton, d'indigo et de roucou (plante tinctoriale) ; elle exportait aussi du bétail aux Antilles et entretenait un troupeau de 12.000 à 14.000 têtes d'animaux.

La plantation de *la Gabrielle*, au sud-est de Cayenne, parvint à une grande renommée pour la production des épices; au commencement de la Restauration, les girofliers de ce domaine donnèrent jusqu'à 400.000 fr. de revenu.

De beaux et prospères établissements existaient dans la région de l'Approuague, à Macouria, à Kourou, à Sinnamary, à Iracoubo, ainsi que dans la petite vallée de Mahury. La basse vallée de l'Approuague était le centre de la production sucrière et du rhum. La vallée du Mana produisait du riz.

Or, s'il subsiste de ce temps assez peu de richesses, il est juste d'ajouter que toute cette activité agricole passée n'a cependant pas disparu. Sans doute il n'y a plus de commerce d'exportation des produits de l'agriculture. Dans les communes, les populations produisent à peine ce qu'elles consomment et Cayenne vit de vivres importés. Le Venezuela envoie à notre Guyane presque toute la viande de boucherie dont elle a besoin. Mais quatre ou cinq exploitations agricoles survivent cependant et maintiennent la tradition. Les bonnes terres guyanaises font toujours croître le riz, le cacaoyer, le maïs, la canne à sucre, le bananier, le manioc, l'igname, le taillove ou choucaraïbe, la patate, la vanille, le poivrier, le giroflier, le cannelier, le roucou, etc...

D'après les renseignements les plus récents, la superficie des terres cultivées en Guyane en 1922 est évaluée à 2.759 hectares.

Les cultures peuvent se décomposer en cultures vivrières (bananes, patates, igname, tayove, riz, maïs, café) économiques et secondaires dans la proportion suivante :

1.113 hectares de cultures vivrières.
820 hectares de cultures économiques;
826 hectares de cultures secondaires.

Dans ces chiffres, les cultures des établissements pénitentiaires sont peu considérables.

Cultures vivrières, 25 hectares;
Cultures économiques, 200 hectares;
Cultures industrielles, 50 hectares.

Les cultures économiques et industrielles se répartissent comme suit :

Cultures économiques :

Cacao	402	hectares
Café	165	—
Fécules	18	—
Citrons	16	—
Roucou	11	—
Fibres textiles	8	—

Cultures industrielles :

Canne à sucre	754	hectares
Caoutchouc	15	—
Coton	12	—
Ricin	4	—

Actuellement et sous le régime de la petite propriété, qui est le plus commun à la Guyane, les cultivateurs indigènes se cantonnent de plus en plus dans la production des denrées vivrières et de la canne à sucre dont les prix sont devenus très rémunérateurs.

Des efforts sont tentés pour ramener à l'agriculture une partie de la population : des leçons d'agriculture et même d'élevage sont donnés aux enfants des écoles. Il leur est expliqué que rien ne s'oppose au retour de l'abondance d'autrefois, que ni le ciel, ni le sol n'ont cessé d'être généreux et qu'en pareille matière il suffit de vouloir.

Un jardin botanique, récemment créé, distribue gratuitement des plants et des graines aux agriculteurs; une somme de 40.000 fr. est inscrite au budget de 1923 pour distribution de sulfure de carbone destiné à détruire les fourmis manioc; des primes en argent sont accordées aux colons se livrant à la culture du cacaoyer, du caféier, du cotonnier, du cocotier, de la canne à sucre, du caoutchouc.

La colonie met également à la disposition des agriculteurs un matériel de charrue et des buffles pour le labour de leur exploitation.

Des concessions de terrains à titre gratuit ou onéreux peuvent être également faites sur les terrains du domaine de l'Etat en faveur de la culture. D'après un arrêté local du 28 août 1916, l'étendue de ces concessions à titre gratuit ne sera jamais inférieure à 10 hectares ni supérieure à 25 hectares, à titre onéreux, la surface des terrains concédés ne peut être inférieure à 10 hectares ni supérieure à 1.000 hectares.

Les concessionnaires ne reçoivent tout d'abord qu'un titre provisoire qui ne deviendra définitif qu'après l'exécution, dans un certain délai, des clauses de mise en valeur contenues dans le cahier des charges de la concession.

Il peut être accordé également des permis pour l'élevage du bétail sur quelques terrains domaniaux ainsi que les permis d'exploitation forestière, des permis de recherche et de concessions minières moyennant des redevances annuelles variant de 0,05 à 0,50 à l'hectare.

Il est donc possible d'entreprendre à la Guyane des plantations coloniales avec peu de ressources et, dans cette terre fertile, tout ce qui est cultivé est de bon rapport.

Il se peut qu'un jour ou l'autre nous assistions à une renaissance de cette activité agricole, qui a été autrefois si prospère dans la colonie.

Voyons donc quels sont les débouchés possibles de l'exploitation agricole, et quelle orientation on peut conseiller de préférence au nouveau colon qui cherchera la culture productive.

Notre régime douanier favorable au commerce franco-colonial et intercolonial, indique comme denrées tropicales dont la France est importatrice : vanille, cannelle, poivre, girofle, muscade, gingembre, produits tinctoriaux, produits textiles, produits résineux, cacao, café, graines oléagineuses, fécules exotiques, gommes, riz, tabac, bois d'ébénisterie, bois d'œuvre, bois de teinture, tous produits que la Guyane peut fournir. D'autre part les statistiques d'importation de la Guyane indiquent nettement que celle-ci ne suffit pas à elle-même, spécialement en animaux domestiques, animaux de boucherie, volailles, café et tabac.

En résumé, actuellement très faible, l'exportation agricole guyanaise peut prendre un essor considérable dès que le pays sera parvenu à se suffire à lui-même, et il possède les moyens de le faire. Riche de la qualité de ses produits et des quantités susceptibles d'être fournies, la Guyane possède un quasi monopole sur le rocou et le balata, autant de facteurs qui lui assurent une excellente place sur le marché.

PLANTES AROMATIQUES

Parmi les plantes aromatiques cultivées ou pouvant l'être, nous citerons :

Le *vanillier*, orchidée indigène à la Guyane où on en connaît trois variétés. La vanille produit, au bout de deux ou trois ans, une moyenne de 200 à 500 kilos de gousses marchandes par hectare et par an. C'est une culture qui n'exige ni capitaux considérables, ni beaucoup de main-d'œuvre et dont le rapport peut être considérable. Le végétal sauvage a beaucoup moins de valeur.

Le *cannellier*, acclimaté à la Guyane, donne des produits supérieurs qui furent autrefois une des principales sources de richesse de la colonie. Plante peu délicate, quant au choix du sol, sa culture est facile et relativement peu coûteuse, on peut compter 600 à 1.000 pieds à l'hectare; toutefois, on ne peut récolter que vers la septième ou huitième année. On opère par coupe de deux à trois pieds par touffe, puis écorçage des troncs et des branches. On vend l'écorce de bonne qualité; les déchets d'écorce donnent à la distillation 4 0/0 « d'huile essentielle » d'un prix très élevé en pharmacie; des racines, on extrait un camphre.

Le *poivrier* produit dès l'âge de trois ans, mais ne donne son maximum que vers dix ans, diminuant ensuite progressivement. La distillation du poivre donne une essence hydrogénée, incolore, densité 0,864 qui se transforme en camphre solide.

Le *giroflier* a beaucoup perdu de sa valeur, mais l'essence qu'on en retire a toujours de nombreux usages dans la parfumerie, la pharmacie, la pâtisserie, la cuisine. Le giroflier est également acclimaté à la Guyane de longue date, il produit dès quatre ans et atteint son plein développement vers la sixième ou septième année. Le rendement annuel à l'hectare est de 300 kilogrammes de clous. Par distillation, on retire des clous une huile aromatique d'odeur forte, à saveur âcre et brûlante et d'un actif effet carminatif.

Le *muscadier* est un arbuste dioïque, qui produit vers sept ou huit ans, de 12 à 1.600 kilos de noix, desquelles on extrait 32 % d'huile grasse et 6 % de macène (huile hydrogénée). Le macis (arille enveloppant la noix) donne une huile aromatique oxygénée de densité 0,92.

Le *gingembre* fournit des feuilles aromatiques dont on fait un thé agréable, et un rhizome charnu, riche en fécule, qui donne une huile essentielle aromatique; l'intérieur de ce rhizome est employé comme condiment en Angleterre et dans les colonies anglaises, où il entre dans la composition de mets et de boissons. Il y a là un débouché qui devrait engager les Guyanais à accroître cette culture rémunératrice. Citons encore : le *safran*, le *vétiver*, le *quatre-épices*, la *citronnelle*, le *citronnier*, l'*oranger*, le *bergamotier*, le *cerisier de Cayenne*, le *mandarinier*.

PRODUITS TINCTORIAUX

Le *campêche* renferme une matière colorante rouge, l'*hématoxyline* très connue. Le bois de campêche réduit en poudre, donne, par épuisement à l'eau bouillante et évaporation, environ 25 à 30 % en poids d'extrait coloré, tel qu'il est vendu dans le commerce.

Le *palétuvier*, le *goyavier* donnent des écorces très riches en matières tannantes.

Le *roucouyer* dont le principe colorant est la bixine et le fruit le roucou, s'utilise pour la teinture des bois, des vernis, du beurre, du fromage et des matières textiles. Un arbre peut rapporter 5 à 6 kilos de roucou. A la Guyane le roucouyer fleurit à dix-huit mois et les fruits mûrissent en cinquante à soixante jours. La plante a une durée moyenne de six à sept ans, qui peut atteindre exceptionnellement douze ans. La production moyenne à l'hectare est de 1.500 kilos de roucou marchand. Les cabasses

épineuses des fruits contiennent de nombreuses graines recouvertes d'une matière granuleuse colorante jaune rougeâtre.

La *bixine* et la demi-bixine est la matière colorante pure ou demi-pure, offrant l'avantage d'être transportables sous un plus faible volume.

L'*indigotier* pousse sans culture dans les terres sablonneuses. Un hectare peut donner 125 kilos d'indigo.

Le *safran*, dont la racine contient une substance jaune la *curcumine* qui est utilisée en chimie, médecine, cuisine et teinturerie, où elle offre la particularité de se fixer sans mordant (mouchoir madras).

Une plantation moyenne, 80.000 pieds à l'hectare, produit de 6 à 7.000 kilos de curcumine à l'hectare.

PRODUITS TEXTILES

Le *moucou-moucou* est une plante qui croît en Guyane sur les rives des cours d'eau, partout où se fait sentir l'action des marées, il semble nécessiter la présence, en certaine proportion, d'eau douce et d'eau salée et se développe abondamment dans les régions limoneuses; sa tige coupée possède la particularité de repousser promptement et d'atteindre rapidement son plein développement.

Son utilisation susceptible des meilleurs rapports est la fabrication de la pâte à papier — le travail de coupage et de défilage des tiges est facile, nécessite peu de capitaux et de main-d'œuvre; il en existe des réserves importantes en peuplements naturels, quoique difficiles à évaluer — les peuplements artificiels seraient faciles à propager dans les terres marécageuses ou inutilisées.

Le rendement industriel est de 30 à 36 % de cellulose conditionnée à 5 0/0 d'eau. La pâte obtenue, d'un blanc neigeux à l'humidité jaunit au séchage et donne un papier commun résistant et très acceptable.

En résumé, le développement de la culture du moucou-moucou à la Guyane aurait l'avantage de rendre à la culture des terrains en friche, et l'emblavement de marécages assainirait le pays.

Cotonnier. — La Guyane fournissait autrefois des cotons longue-soie très appréciés dans la fabrication du drap, en mélange avec la laine.

Le cotonnier, à la Guyane, donne son maximum vers l'âge de trois, quatre ou cinq ans; la récolte baisse ensuite progressivement, toutefois, grâce au « recourrage », la plantation peut durer dix ans. On obtient deux récoltes par an avec un rendement annuel de 300 kilos de coton à l'hectare. Aujourd'hui la production est très réduite par rapport à l'énorme capacité d'absorption des grands marchés mondiaux.

Ramie. — Elle se développe à la Guyane avec une rare facilité; elle donne trois coupes par an, avec un rendement de 60.000 kil. de

résine analogue à la gutta-percha, très recherchée par l'industrie européenne et susceptible de nombreuses utilisations (galvanoplastie, câbles télégraphiques sous-marins, emplois ordinaires du caoutchouc). Dans la colonie même, le balata sert à la fabrication de menus objets, coffrets, plateaux, cravaches. En moyenne, on ne compte guère qu'une douzaine

Centre agricole de Montjoly.

tiges fraîches à l'hectare, soit 5.000 kilos d'écorce qui produisent 3.750 kilos de filasse blanchie ayant une longueur rare de 1 m. 80; la ramie, dont les usages sont, aujourd'hui, considérables et toujours croissants, est une des cultures offrant le plus bel avenir dans cette colonie.

Agave. — Les feuilles de l'agave, qui peuvent atteindre 1 m. 50 et 2 mètres coupées à la floraison, donnent à l'hectare, après rouissage et peignage, 2.500 kilos de fibres se tenant bien à la teinture, et qui sont utilisées à la fabrication de filets, cordages, tapis, pantoufles.

PRODUITS RESINEUX

Le *balata* donne, outre un bois de construction d'excellente qualité, une gomme-

de balatas par hectare. Mais grâce à des plantations régulières, on peut arriver, — l'essai en a déjà été fait, — à obtenir cent arbres par hectare. Ce chiffre indique de quel développement la production de la gomme de balata est susceptible. Les exportations sont, en tout cas, dès maintenant, en pleine croissance. Elles ont atteint, en 1919, une valeur de 7.672.539 francs; en 1920, une valeur de 19.698.409 francs.

La quasi totalité de ces gommes de balata est dirigée vers la France.

Le *copahu*, dont le suc donne par incision de l'écorce, le baume de copahu; — le copahu de « Cayenne » possède l'odeur agréable des bois d'aloès.

L'*encens* qui se rencontre par groupe. On peut en compter 60 à 70 par hectare.

PRODUITS MEDICINAUX

Les principales plantes médicinales de la Guyane sont la *salsepareille*, le *semen-contra*, le *ricin*.

Ricin. — A l'état sauvage, il pousse en grande abondance à la Guyane et donne 1 à 2 kilos de graines annuellement; cultivé, on obtient un rendement double. Etant donné qu'on peut compter sur 3.500 à 4.000 pieds à l'hectare, donnant brut 8.000 kilos de graines, et que l'industrie en retire 40 à 45 0/0 d'huile, c'est donc 3.200 et 3.600 kilos d'huile qu'on obtient en moyenne par hectare cultivé. Purgative par sa substance résineuse, on peut en tirer, par traitement spécial, une huile douce comestible, mais le débouché qui offre le plus de possibilité à l'extension de la culture du ricin est son utilisation comme lubrifiant des moteurs d'avion.

PRODUITS SACCHARIFERES

Canne à sucre. — La Guyane a produit autrefois beaucoup de sucre; en 1836, elle en exportait plus de 2 millions de kilos; en 1879, elle en exportait encore plus de 100.000 kilos; aujourd'hui cette culture, qui exige de la main-d'œuvre et des capitaux, a presque complètement disparu. Toutefois, il serait avantageux de développer l'industrie rhumière dans la colonie, les tafias de la Guyane étant de bonne qualité, et plus faciles à placer que la petite quantité de sucre médiocre actuellement produite.

La culture en grand de la canne à sucre ayant cessé depuis longtemps à la colonie, l'industrie sucrière n'existe plus en fait; pourtant l'activité des alambics de distillation du tafia et du rhum conserve encore une certaine importance. On y utilise, à défaut de jus de canne inexistant, des mélasses provenant des Antilles anglaises principalement. On produit ainsi de l'excellent tafia et du rhum obtenu en laissant vieillir naturellement le tafia ou en l'additionnant de certaines préparations.

On compte à la Guyane une vingtaine de distilleries de tafia.

FAUNE ET ELEVAGE

La faune de la Guyane est aussi riche que sa flore; malheureusement un grand nombre d'insectes sont fort nuisibles, causant de graves troubles pathologiques à la suite de leurs piqûres, détruisant les constructions, comme le termite, ou les plantations comme la fourmi-manioc. Par contre le *bombyx hesperus* a une larve qui est le ver à soie de Cayenne.

Nous n'énumérerons pas les innombrables espèces animales que nourrissent les savanes et les forêts, et qui vivent dans les fleuves et la mer.

Au point de vue économique, nous signalerons seulement les belles tortues Kouanes, aux carapaces si recherchées et l'admirable variété des oiseaux de la Guyane qui passent pour les plus beaux du monde. Au XVIII° siècle, une précieuse collection ornithologique, la collection Martin, avait été formée à la Guyane; en 1809, elle a été prise par les troupes anglaises, et l'on peut aujourd'hui la voir au British Museum.

Les riches plumages, les panaches d'un très grand nombre d'oiseaux rares sont vendus en Europe à de hauts prix et constituent un article d'exportation relativement important. On utilise les plumes de rapapa, d'ibis rouge, de l'aigrette blanche, du hocco, du flamant, de l'honoré, de l'ara et de toute la série multicolore des perroquets. Les fourrures précieuses de la loutre, les peaux de jaguar, de couguar, du singe rouge, du caïman, du boa, sont très recherchées. La Guyane exporte encore des peaux et des cornes de bœuf, ainsi que des vessies natatoires de poisson provenant du machoiran jaune. Ces vessies servent à la fabrication de colle de poisson.

ÉLEVAGE

La Guyane possède dans le nord-ouest plus de 200.000 hectares de savanes dotés d'excellents pâturages susceptibles de nourrir d'immenses troupeaux, à la seule condition de faire quelques améliorations faciles sur les méthodes d'élevage.

La race chevaline est un mélange de différentes races françaises, anglaises, africaines, ayant donné à la longue un type moyen rappelant la variété camarguaise, très apte à la selle et au trait léger. Comme bête de trait, il est préférable de faire usage du mulet que l'on importe à grands frais, surtout des Etats-Unis, et qui serait si facile à élever dans la colonie.

Bovins et moutons ont disparu peu à peu, eux aussi capables de donner d'excellents résultats par une exploitation plus soignée et cependant sans grande difficulté.

Quoique abandonnés dans des pâturages plus ou moins bien choisis et entretenus, les porcs de race, résistant, sont encore nombreux.

En résumé, pays propre à l'élevage, la

Guyane, importatrice de bétail, pourrait non seulement se suffire, mais encore exporter en faisant quelques améliorations sur le choix des reproducteurs, l'alimentation et les soins indispensables à la santé et à l'accroissement des troupeaux.

SÉRICICULTURE

Un créole de Cayenne, Michely, a étudié vers 1858 la possibilité d'utiliser le *Bombyx hesperus*, le ver à soie de Cayenne, et a organisé l'industrie séricicole. Le mûrier peut produire là-bas quatre récoltes de feuilles par an et un hectare de plantation pourrait donner en ces quatre récoltes 35.000 kilos de cocons.

EXPLOITATION FORESTIERE

En fait, l'attention de la population locale et surtout celle des capitalistes est davantage attirée aujourd'hui par l'exploitation forestière. C'est là que paraît être maintenant la vraie source de fortune du pays.

La Guyane est si bien pourvue d'arbres qu'on a pu dire d'elle sans exagération qu'elle est une sorte d'immense forêt vierge. La forêt commence en certains endroits presque au bord même du rivage maritime. Elle couvre la quasi totalité de la surface du territoire (environ 65 ou 70.000 kilomètres carrés sur 90.000 de superficie totale). C'est là un réservoir extrêmement abondant de richesses et surtout de richesses sans cesse renouvelables (1).

Il y a là pour la colonie une circonstance d'autant plus précieuse que nos ressources forestières métropolitaines ne suffisent plus aujourd'hui aux besoins de nos diverses industries. Déjà avant la guerre, la France achetait à l'étranger pour 300 millions de bois par an. Or, du fait de la guerre, non seulement des millions d'hectares boisés ont été anéantis dans les régions envahies et sur la ligne de feu, mais encore notre domaine forestier métropolitain a subi une exploitation intensive et parfois désordonnée qui l'a singulièrement appauvri. On calcule qu'au cours des quatre années de guerre, nos forêts ont fourni quelque 60.000.000 de mètres cubes de bois, alors qu'en temps normal et pour une période d'égale durée notre consommation eût à peine atteint 30.000.000 de mètres cubes. Ainsi non seulement nous ne possédons plus de réserves,

mais il nous faut en même temps ménager nos étendues boisées subsistantes, en vue de la reconstitution de notre capital forestier, et satisfaire aux demandes de l'industrie, lesquelles sont d'autant plus urgentes qu'il importe de rebâtir villes et villages détruits, remettre nos mines du Nord en état, reprendre et achever de grands travaux interrompus pendant les hostilités, etc... Le bois nous est, en ce moment peut-on dire, plus indispensable que jamais.

Or c'est presque devenu un lieu commun que d'exposer combien le recours aux bois étrangers paraît une mesure grosse de dangers. Le rétablissement de notre change sur les marchés extérieurs dépend non seulement de l'accroissement de nos ventes au dehors, mais aussi de la diminution de nos importations. Acheter dans l'Europe Centrale et Septentrionale ou au Canada les bois qui nous manquent reviendrait aujourd'hui à verser aux pays producteurs un tribut de près d'un milliard de francs par an. Voilà pourquoi, s'il faut dire et répéter que la France doit désormais s'approvisionner en bois dans son propre domaine d'outre-mer, on peut conclure que la Guyane est promise au rôle éminemment rémunérateur de fournisseur de bois à la métropole.

Le profit ici est même d'autant plus certain (et on ne saurait trop souligner cette remarque aux yeux de nos compatriotes désireux de faire des affaires en Guyane) que personne n'a eu à engager au préalable des frais de semence ou de plantation. Il n'y a pas ici en d'autres termes à prélever sur le produit brut les intérêts accumulés d'un capital demeuré longtemps inactif. Tout est profit immédiat.

Les variétés d'arbres de la Guyane sont très nombreuses et peuvent répondre à tous les besoins. C'est faire tort à la vérité que de connaître seulement les bois précieux, les « bois des îles ». Notre Guyane donne également des bois de construction, de charpente, d'ébénisterie, des bois aptes à la fabrication de la pâte à papier, des bois de chauffage, etc... Les essences ne se rencontrent pas en famille. Elles sont le plus souvent mêlées. La plupart des arbres poussent généralement hauts et droits, avec une épaisse ramure et des troncs souvent énormes, sans pourtant que les racines soient très profondes à cause de la nature granitique du sol.

Comme bois de chauffage, la Guyane produit le *palétuvier rouge* dont l'intensité calorique est double de celle des bois ordinairement employés pour le chauffage direct. Ce bois convient aux machines à vapeur. Il est le bois de feu par excellence.

---

(1) En 1922, la production a atteint : a) pour les bois de construction, 582 tonnes ; b) pour les bois d'ébénisterie, 19 tonnes.

Comme bois d'industrie, citons le *wacapou*, bois dur, excellent pour la fabrication des charpentes, des bardeaux, des pavés, environ deux fois plus résistant que le chêne et qu'il peut remplacer dans tous ses usages ; — le *cœur dehors* qui convient particulièrement à la confection des traverses de chemins de fer ; — le *gaïac*, bois lourd, très dur, susceptible de donner de très solides engrenages en bois, le *bois serpent*, très bon bois d'ébénisterie et de marqueterie ; — le *grignon* et les *cèdres* de diverses teintes (blanc, jaune, rouge, etc.), qui se débitent parfaitement bien en bois de sciage, planches ; — le *palissandre* et l'*acajou*, bois d'ébénisterie très recherchés, susceptibles d'une infinité d'emplois(on commence à construire des pianos en acajou) ; — le *préfontaine*, excellent bois d'ébénisterie ; — le *bois*

Dépot de bois flottés à Saint-Laurent-du-Maroni.

dont on pourrait faire également, semble-t-il, des pavés pour les rues des grandes villes, et dont le fruit contient une amande très recherchée en parfumerie ; le *balata* qui donne un bois de charpente et de pilotis de très bonne qualité et dont la gomme également (on a eu l'occasion de le dire plus haut) se prête à une exploitation très rémunératrice ; — l'*ébène*, dont les qualités et l'emploi sont bien connus ; — le *bois violet ou amarante*, moins dur en général que les précédents, se travaillant aisément et donnant un excellent bois de charpente et d'ébénisterie ; — l'*angélique*, plus léger que les précédents, susceptible de s'employer également bien à la construction de meubles d'appartement et d'embarcations ; — *de rose*, qui donne une huile de grande valeur pour la parfumerie et qui est excellent pour la construction navale et la menuiserie ; il sert à la confection des pirogues ; — le *wapa gras*, bois commun, utilisé pour la construction des palissades ; — le *bagasse* qui sert à faire des coques de pirogues, excellent aussi pour la confection de lames de parquets ; — le *schawari*, très employé dans les constructions navales et le charronnage, à fibres flexueuses et entre-croisées ; le *courbaril*, bois homogène liant, employé en ébénisterie aux Antilles, à la confection des lits ; il se travaille très bien au tour et convient aussi bien à la charpente qu'à la menuiserie et donne de beaux madriers ; d'un brun rougeâtre, il devient plus foncé à mesure qu'il vieillit; — le *carapa*, ressemble à l'acajou; — le *simarouba*, bois grand et fort, blanc; scié il donne de belles planches de qualité bien supérieure aux bois blancs d'Europe, il n'est pas attaqué par les insectes à cause du principe amer qu'il possède; — le *bois de lettres*, bois excessivement dur, capable de prendre un admirable poli, mais difficile à travailler; il sert à faire des coffrets à mouchoirs et cannes, des manches de parapluies et de bandes ou filets droits dans les meubles incrustés.

La densité forestière est d'environ **60** arbres par hectare, et l'on admet que chaque arbre peut fournir une moyenne de deux tonnes et demie de bois.

Tous ces bois ont une durée de conservation supérieure à celle de nos bois communs d'Europe. Quand on construisait des vais-

Exploitation forestière.

des cannes de prix; — le *satiné ou bois de féroles*, d'un beau rouge brun, susceptible de prendre un magnifique poli veiné est destiné à la plus grande faveur, comme bois d'ébénisterie; — le *boco*, de couleur jaune avec un cœur brun noir, très foncé, il est excellent pour l'ébénisterie, la sculpture en bois, les instruments de musique, les travaux de tour, on en fait des cannes précieuses; — le *moutouché* veiné de violet pâle, de brun clair et de blanc se travaille facilement, débité en planches et madriers; — le *panacoco*, au cœur noir et à l'aubier blanc, compact et employé en ébénisterie, le diamètre de l'arbre est immense; — le *patawa*, palmier, aux veines parallèles alternativement noires et blanches, d'un magnifique aspect; il est utilisé pour la confection des

seaux en bois, il fut plus d'une fois observé que telles pièces d'angélique ou de wacapou séjournaient huit et dix ans sans dommage dans l'eau de mer, tandis que le chêne pourrissait. On a même pu établir et traduire, par un tableau la comparaison des pertes subies par diverses essences après six mois de séjour dans le fumier :

	Perte %
Chêne de France	30 1/2
Teck de l'Inde :	
Qualité supérieure	16 1/2
Tendre	25
Hêtre d'Europe injecté de sulfate de cuivre	30
Peuplier d'Europe injecté de sulfate de cuivre	40

Bois Guyanais :

Angélique 5
Bois violet ou amarante........ 0
Wacapou 0
Balata 10
Courbaril 10
Cèdre noir 22 1/2

Aussi n'est-il pas surprenant que les maisons de la Guyane construites en bois du pays, résistent fort bien aux conditions du climat.

On s'étonnerait plutôt que les bois de la Guyane aient longtemps été si peu connus ou du moins si peu appréciés en France, si l'on ne savait les raisons toujours invoquées contre leur importation par grande masse. Contre leur emploi en France, on prétextait notamment :

a) Qu'ils sont trop durs pour se prêter à un bon travail d'ébénisterie;

b) Qu'ils reviennent à un prix excessif sur les marchés d'Europe;

c) Qu'ils plaisent peu aux acheteurs;

d) Qu'au surplus la clientèle ne sait à qui s'adresser pour se procurer ces bois..

Aucune de ces objections ne supporte un examen sérieux. La dureté peut être vaincue par la solidité et la finesse des outils de l'ouvrier, et par l'habileté de son tour de main. L'élévation du prix était peut-être un argument autrefois; mais maintenant que tous les bois sont chers et rares, ce facteur n'intervient plus, d'autant que le fret est très sensiblement réduit, si au lieu d'expédier de la colonie (comme on le faisait uniformément autrefois) les billes et les grumes fraîchement abattues et grossièrement équarries, on envoie des planches, madriers, etc., séchés, sciés et débités (comme on commence à le faire). Ainsi le transporteur maritime n'apporte plus en France que du bois déjà ouvré et immédiatement utile; il n'y a plus de perte, ni de déchet sur les cargaisons. Enfin, si la clientèle demande peu les bois de la Guyane, c'est qu'elle les ignore encore trop et que les industriels et commerçants spécialisés dans la vente des bois du Nord et d'Amérique, ont fait jusqu'à présent, tout ou à peu près tout ce qui était nécessaire pour éviter qu'ils soient connus.

Mais l'utilisation des bois n'est pas la seule exploitation à laquelle se prête la forêt guyanaise. Celle-ci donne encore d'autres produits fort nombreux.

BOIS DE ROSE ET ESSENCE DE ROSE

Le bois de rose renferme une huile essentielle qui rappelle, par son odeur, le parfum de la rose de nos jardins et qui est extraite par distillation. Cette essence est jaunâtre. Elle s'exporte principalement en France, ainsi d'ailleurs que le bois en billes. Elle est très recherchée par l'industrie métropolitaine des parfums (52.409 kilos d'essence représentant une valeur de 8.400.000 fr. ont été exportés en 1920).

L'arbre se trouve dans toute la Guyane, de l'Oyapock au Maroni. Les distilleries de Cayenne sont alimentées par des communes voisines (Montsinery, Tenegrande, Toura), mais les chercheurs de bois de rose seront de plus en plus forcés de remonter toujours plus haut les cours d'eau, car l'arbre devient rare. Les difficultés de transport deviendront de plus en plus grandes dans un pays où il n'existe pas de routes.

Le bois est livré aux usines en billes, et il est traité à l'aide de *déchiqueteurs* qui le réduisent en copeaux. La distillation se perfectionne de plus en plus, exigeant un outillage relativement important.

Le fruit du gaïac contient de même une amande employée à divers usages, en pharmacie et en parfumerie, et qui se vend à un prix très élevé.

INDUSTRIE AURIFERE

La découverte de l'or à la Guyane date de 1853; elle est due à un Brésilien nommé Paolino, qui reconnut les premiers gisements dans le bassin de l'Approuague.

Aussitôt de nombreuses recherches furent entreprises et révélèrent la présence du précieux métal en de nombreux points du pays. Ce fut alors un « rush » véritable; les Guyanais, Brésiliens et émigrants de tous pays se portèrent vers les placers, augmentant la consommation alimentaire de la colonie, tandis que les cultures étaient rapidement abandonnées.

De formation primitive, le sol guyanais, granitique à la base, est recouvert de gneiss et micaschistes où se sont introduits des diorites qui ont entraîné les dépôts aurifères à la surface.

La désagrégation causée par les agents d'érosion a donné, soit la « roche à ravets » ferrugineuse, soit des alluvions; les particules de métal précieux libérées et entraînées par l'eau et leur poids spécifique se sont enfoncées à travers les couches alluvionnaires jusque sur le gravier reposant sur l'argile « bedrock ».

Cette couche varie d'épaisseur et de composition suivant les endroits, tantôt roches à ravets et quartz sont cimentés d'argile jaunâtre, tantôt elle se présente sous forme d'agrégat sableux plus ou moins ténu.

Les lits desséchés d'anciens cours d'eau, les bassins de hautes eaux des rivières actuelles

du métal précieux. En chauffant, le mercure se vaporise, et il reste une poudre qui est l'or grossier. On aura également recueilli au fond du sluice des pépites de grosseur variable.

Aujourd'hui, la Guyane voit naître l'industrie aurifère : des Sociétés se fondent avec de gros capitaux pour créer des entreprises capables d'établir des moyens de communication et de posséder des machines à grand rendement.

Scierie mécanique.

sont formées de ces alluvions que recouvre une couche de limon tourbeux.

La Guyane se trouve encore dans la période de début de l'exploitation aurifère; par suite des difficultés que présentent le manque de main-d'œuvre, de moyens de transport et de voies de pénétration, seule la prospection individuelle ou par groupes de quelques chercheurs hardis, n'a fait qu'explorer partiellement les placers les plus riches et les plus près des cours d'eau qui ont servi de routes à ces prospecteurs.

Ces chercheurs isolés emploient le procédé primitif du « sluice » : lavage de la couche aurifère dans un canal composé d'auges emboîtées, et où l'on a versé une certaine quantité de mercure qui s'amalgame aux particules

L'or guyanais est, en général, très pur; il contient de 3 à 10 % d'argent.

Sans doute, la Guyane française vient loin derrière les grands pays producteurs du métal précieux : la Californie, le Klondyke, la Sibérie (où le travail extractif paraît, il est vrai, suspendu en ce moment), l'Australie, le Transvaal. L'or produit n'y est cependant pas une quantité négligeable. Dans les années qui ont immédiatement précédé la guerre, la quantité annuelle moyenne qui était exportée, oscillait entre 4.000 et 4.500 kilos (en 1893 elle n'était que de 1.700; en 1900, 2.170 kilos). De 1914 à 1919, la production a diminué. En 1922, elle n'a été que de 1.116 kilogrammes. Elle n'en reste pas moins encore aujourd'hui, comme en 1911, 1912 et 1913, un facteur capital dans la vie économique de la colonie. Compte tenu de l'enchérissement du métal précieux, l'exportation de l'or a représenté en 1920 une valeur de 11.325.000 francs.

Et d'abord l'or est soumis à un droit de circulation (330 francs par kilo pour l'or à l'état brut, en poudre ou en pépites; 342 fr. pour l'or en lingots, en barres, en bijoux et généralement sous quelque forme que ce soit). Or, le produit de cette taxe figure parmi les plus grosses recettes du budget local (800.000 francs en 1920). Avant la guerre, la taxe de l'or a même longtemps été la source principale de revenus de la colonie; les sorties d'or formaient les 8/10 de la valeur totale des exportations.

D'autre part, la recherche du métal précieux et son exploitation occupaient avant 1914 quelque 4.000 ou 5.000 travailleurs ou « bricoleurs » (leur nombre a faibli pendant la guerre), et ce chiffre est important si l'on songe que la Guyane compte environ 44.000 habitants.

Bien que l'industrie aurifère constitue à la Guyane un élément important de richesses, on a élevé contre elle, ici, comme ailleurs, nombre d'objections et de griefs; on a dit que la recherche de l'or est une sorte de jeu, de spéculation hasardeuse, donc peu morale; on a ajouté que la fièvre de l'or détourne des besognes régulières, méthodiques, nombre de travailleurs, qui s'en vont « marauder » dans la région des champs d'or, alors que leurs bras seraient plus utiles et leur peine souvent mieux rémunérée s'ils étaient employés à des travaux agricoles ou forestiers; on a répété enfin que les chercheurs d'or sont enclins aux rixes, aux vols et aux crimes; la propriété et la vie du voisin comptent peu à leurs yeux lorsqu'il s'agit de se procurer un peu du précieux métal.

Sans doute, il y a une part de vérité dans ces critiques, il n'est pas douteux, en particulier, que les richesses forestières de la colonie, qui sont un trésor certainement plus abondant que l'or et un trésor infiniment renouvelable, auraient pu être mieux exploitées, si l'appât d'un gain immédiat et le goût du risque n'avaient entraîné beaucoup de travailleurs vers les champs d'or. Mais à cet égard,

les choses vont en s'améliorant. En même temps que nos bois guyanais commencent à être mieux exploités sur place et mieux connus en France la recherche individuelle de l'or devient de moins en moins facile. Comme nous l'avons déjà dit, il faut de plus en plus, aujourd'hui, pour extraire l'or dans des conditions rémunératrices, disposer d'installations industrielles perfectionnées, coûteuses, qui supposent une union d'efforts, un programme d'action et une surveillance constante. On renonce au procédé ancien et un peu primitif du *sluice*. Les dragages entrepris sur le Maroni constituent à ce point de vue une entreprise et un exemple dignes de retenir l'attention. Avant de les commencer, il a fallu importer dans la colonie pour quelque 25 millions de francs de matériel industriel et l'extraction demeure encore aujourd'hui dans la période des débuts hésitants.

On peut donc légitimement espérer que, dans un avenir prochain, notre vieille Guyane verra un nouvel et fructueux essor de sa production aurifère.

AUTRES MINERAIS

Outre l'or, la Guyane possède des gisements des métaux les plus divers dont la présence a été reconnue en certains points, mais les conditions économiques actuelles n'ont pas permis d'en faire une exploitation rémunératrice.

Des gisements d'argent sous forme d'argyrose semblent avoir été exploités au XVIIe et au XVIIIe siècle sur les bords de l'Oyapok; on le rencontre souvent, ainsi que le platine, dans les couches aurifères.

On a signalé la présence du cuivre en divers endroits, et particulièrement dans le voisinage même de Cayenne.

Le plomb, l'étain, le wolfram, le mercure, platine manganèse, ont été de même reconnus.

Le fer se trouve sur la presque totalité de la colonie.

De nombreux échantillons de topazes, grenats, calcédoines, améthystes ont été rapportés en Europe de longue date, et l'on a tout lieu de supposer que le diamant complète cette collection de pierres précieuses.

CHAPITRE III

Commerce - Communications

MOYENS DE TRANSPORT ET DE COMMUNICATION

L'accroissement général de la prospérité économique de la colonie ne paraît pas une prévision délibérément et exagérément optimiste, si l'on songe qu'en ce moment même toute une série de projets sont à l'étude, destinés précisément à permettre une exploitation meilleure et plus étendue des richesses naturelles de la Guyane.

M. Albert Sarraut, dans l'exposé des motifs de son projet de loi sur la mise en valeur des colonies, définit la Guyane un pays agricole, forestier et minier contenant des richesses inestimables, mais dont l'outillage est presque tout entier à constituer.

La création de voies de communication indispensables, l'amélioration du port de Cayenne doivent être les premières mesures à mettre en œuvre.

La Guyane possède peu de routes. Pour pénétrer dans l'arrière-pays, il n'existe que des pistes ou les cours d'eau. Or, en bien des lieux, les pistes se perdent dans la forêt et l'on a vu qu'à cause des chutes ou sauts, dont leurs lits sont encombrés, les rivières assez nombreuses ne constituent que des moyens de communication très imparfaits.

Il existe bien deux chemins de fer, mais selon l'expression de M. Godfernaux (1), ils sont, au point de vue économique, d'importance tout à fait secondaire, sinon nulle.

Le premier est le chemin de fer pénitentiaire du Maroni qui n'est qu'un petit Decauville de 0 m. 60, unissant sur 16 kilomètres 1/2 de longueur Saint-Laurent, Saint-Maurice et Saint-Jean-du-Maroni. Entrepris en 1887, abandonné en 1892, repris peu après, il a été terminé en 1897. Quatre embranchements mesurant au total 3 kilomètres 900 y sont soudés.

Le placer Saint-Elie a construit pour son ravitaillement propre une petite voie privée de 34 kilomètres de longueur. C'est un Decauville exploité à l'aide de la traction animale.

Ce sont là des moyens de transport bien insuffisants pour une riche et grande contrée comme la Guyane.

Aussi, il y a déjà vingt-cinq ans, M. Sevat, ingénieur des mines, revenant d'une mission à la Guyane, avait demandé la concession d'une ligne partant de Cayenne, longue de 150 kilomètres, desservant les vallées de La Comté, de l'Approuague et atteignant l'Inini et l'Oyapok. De difficulté en difficulté l'affaire resta en suspens jusqu'en 1906. A cette époque, un officier du génie, le chef de bataillon Refroigney fut envoyé en mission et proposa un tracé qui, partant de *Cacas* sur la Comté aboutirait au massif central en suivant la vallée de la Comté.

Le projet Sarraut n'envisage plus que la construction d'une voie ferrée de 0 m. 60 entre les deux centres pénitenciers de Cayenne et de Kourou; traversant une région cultivée et peuplée, mais il se préoccupe, d'autre part, de continuer la route de Cayenne à Saint-Laurent, sur une longueur de 250 kilomètres.

(1) Les Chemins de fer coloniaux français. Paris 1911/4°.

Cette route, dite route coloniale N° 1, n'est actuellement terminée et empierrée que sur 19 kilomètres.

La route doit traverser une région où l'élevage du bétail est possible et où existent des centres de population dont le ravitaillement est souvent difficile.

Une deuxième route, longue de 150 kilomètres, relierait Cayenne, Matoury, Roura, Kaw, Approuague et l'Oyapok. Elle traverserait des régions aux terres riches, autrefois plantées en cannes à sucre. Elle permettrait aussi de mieux surveiller notre frontière.

Enfin, M. Hardel, ingénieur en chef des Ponts et Chaussées, vient, en 1922, de préconiser la construction d'une voie ferrée économiquement comprise (rails légers, traverses en bois, ponts en bois) sur laquelle circuleraient des automotrices pourvues de moteurs à explosion, alimentés au gaz pauvre. Une telle voie, construite vers l'intérieur sur 250 kilomètres environ, ne reviendrait pas à plus de vingt millions.

PORTS

Les ports seront bientôt améliorés, et principalement celui du chef-lieu, Cayenne, qui est parfois envasé. Au prix de travaux, dont le programme a été tracé en 1910 et 1911 par M. l'ingénieur en chef des Ponts et Chaussées Renard, Cayenne pourra être doté d'un port excellent. Aussi M. Renard s'est-il judicieusement élevé contre tout projet d'abandon de Cayenne comme port principal de la colonie, par exemple au profit de l'embouchure du Maroni, ainsi que le projet en a été quelquefois exprimé. Cayenne est et doit rester la première place commerciale et le centre des communications de la Guyane.

Le programme de travaux préconisé par M. Renard et dont une partie a été exécutée consiste à établir sur la rive gauche de la rivière de Cayenne une digue d'environ 4 kilomètres, à corriger la rive droite sur la même longueur et à y créer des quais et appontements. En ce moment la rade de Cayenne se trouve débarrassée des vases qui l'encombraient, grâce au régime des eaux de l'Amazone, dont l'action est périodique, et dure quelques années. Il est urgent de profiter de cette heureuse circonstance pour faciliter l'accès d'un port destiné à devenir l'entrepôt des immenses richesses forestières du pays. Déjà Cayenne, la capitale, est la grande ville de la colonie.

C'est de Cayenne que rayonne toute l'activité économique de la Guyane : ligne de cabotage desservant les petits ports côtiers, notamment ceux qui s'échelonnent entre la capitale et le Maroni; — ligne de paquebots — poste de la Compagnie Générale Transatlantique, reliant la Guyane à la Martinique (Fort de France), par Surinam (Guyane Hollandaise), Demerari (Guyane Britannique), la Trinité et donnant à la Martinique la correspondance avec les vapeurs rapides de cette Compagnie en provenance ou à destination de Saint-Nazaire et de Bordeaux; — ligne télégraphique allant vers le Maroni; — lignes de câbles sous-marins (Compagnie Française des câbles télégraphiques) se dirigeant l'un au nord vers les Guyanes Hollandaise et Britannique, les Antilles, les Etats-Unis et l'Europe, l'autre au sud vers le Brésil; — lignes de T. S. F., reliant la capitale d'une part à la région si déshéritée jusqu'ici de l'Approuague; d'autre part aux Guyanes voisines et aux Antilles en attendant la mise en fonctionnement du poste qui permettra de faire communiquer Cayenne et Dakar, d'une rive à l'autre, de l'Océan Atlantique; tout développement de la colonie ne peut qu'augmenter encore l'importance du chef-lieu.

COMMERCE

Quoique les chiffres et les statistiques puissent difficilement se comparer à quelques années de distance, par suite des variations de valeur des monnaies, il semble intéressant de rappeler que vers le milieu du XIX° siècle (en 1845) le mouvement commercial de cette époque prospère était de 4.388.046 francs. Cinquante ans plus tard, en 1895, il avait décuplé et s'élevait à 19.965.178 francs.

En 1922, le mouvement général du commerce (importations et exportations réunies), s'élevait au chiffre de.... 61.091.964 »
se décomposant ainsi :

Importations : 33.545.645 »
Exportations : 20.530.118 »

Le commerce de la Colonie avec la France s'est élevé à............. 40.680.980 »
se décomposant en :

Importations : 20.150.862 »
Exportations : 27.546.319 »

Le commerce avec les autres colonies françaises, a été de............ 2.220.985 »
se décomposant en :

Importations : 2.036.727 »
Exportations : 184.258 »

Le commerce avec les pays étrangers, a été de.. 18.189.999 »

se décomposant en :

Importations: 11.358.056 »
Exportations: 6.831.943 »

Le commerce total de la colonie a été pour les trois dernières années :

1920............... 83.080.557 »
1921............... 71.295.027 »
1922............... 61.091.964 »

Les importations totales ont été de :

1920 .... 40.405.823 »
1921 .... 48.150.967 »
1922 .... 33.545.645 »

Les exportations totales ont été de :

1920 .... 42.674.734 »
1921 .... 23.144.060 »
1922 .... 27.546.319 »

On a essayé d'indiquer dans le tableau suivant, la progression continue du commerce de la colonie, dont la métropole demeure le principal débouché et le fournisseur important.

| | IMPORTATIONS | | EXPORTATIONS | |
	Produits Français Francs	Importations totales Francs	Vers la France Francs	Exportations totales Francs
En 1918..	3.529.400	15.308.526	13.681.953	14.647.832
En 1919..	3.729.829	18.698.716	15.862.666	16.902.445
En 1920..	13.842.914	40.405.823	36.863.413	41.777.035
En 1921..	18.630.899	48.150.967	16.218.261	23.144.060
En 1922..	20.150.862	33.545.645	20.530.118	27.546.319

Pour que le commerce puisse progresser d'une façon très notable, il faut pouvoir rendre l'intérieur accessible et alors la recherche et l'exploitation méthodique de l'or, la mise en coupe scientifique de la forêt, progresseront immédiatement et par bonds, attirant de la Martinique et de la Guadeloupe voisines et aujourd'hui presque surpeuplées, l'afflux de population nécessaire.

La Guyane a peut-être été jadis le pays d'El Dorado, chanté, par les poètes, décrit par les légendes. C'est aux abords de Cayenne que Voltaire a conduit Candide, lequel s'émerveilla si fort de voir les enfants jouer au palet avec « d'assez larges pièces rondes, jaunes, « rouges, vertes, qui jetaient un éclat singu- « lier;... c'était de l'or, c'étaient des éme- « raudes, des rubis, dont le moindre aurait été « le plus grand ornement du trône du Mo- « gol. »

Il n'est pas, il ne peut être question aujourd'hui de faire passer la Guyane pour cette terre de prodiges et de féeries. Mais il est raisonnable de dire, et c'est pour les Français un devoir de le savoir, qu'elle est promise à un essor économique prochain : la diffusion de cette vérité concourra à l'éclosion et à la durée de cette ère de prospérité.

NOTES STATISTIQUES

L'exploitation de l'or au cours de 1922 a continué dans les mêmes conditions; (exploitation des alluvions de surface).

Au 31 décembre 1922, les permis de recherches s'élevaient à 152 pour une surface de 504.583 hectares; les concessions de mines étaient de 120 pour une surface de 144.770 hectares.

La production de l'or a été de 1.016 kilos.

Forêts — Permis d'exploitation

1re catégorie.... 98 pour 1.767.630 ha.
2e catégorie.... 307 — 534.832 ha.
3e catégorie.... 6 — 41.149 ha.

AGRICULTURE

Vingt-six concessions de terrains domaniaux soit 368 hectares ont été accordés à titre provisoire; trois concessions, soit 47 hectares, à titre définitif.

PRODUCTION DES BOIS

Bois de construction........ 582 tonnes
Bois d'ébénisterie.......... 19 —

Productions secondaires forestières

Gomme de ballata.......... 655 kilos
Essence de rose............ 69 —

POPULATION

Populations des Communes en 1922

Au total : 26.381.

Cayenne 10.146
Remire 696
Matoury 234
Roura 801
Tonnegrande 240
Montsinery 261
Kaw 192
Approuague 1.568
Oyapok 1.631
Macouria 744
Kourou 655
Sinnamary 1.821
Iracoubo 808
Mana 4.097
Maroni 2.487

BIBLIOGRAPHIE

BAJON : Mémoires pour servir à l'histoire de Cayenne et de la Guyane Française, Paris, 1777-1778, 2 vol., in-8°.

BARBÉ-MARBOIS : Journal d'un déporté non jugé, ou déportation en violation des lois décrétée le 18 fructidor, an VIII (4 septembre 1797), Paris 1834, 2 vol., in-8°.

BARRÈRE (Pierre) : Essai sur l'histoire naturelle de la France équinoxiale, Paris 1741, Nouvelle relation de la France équinoxiale, Paris, 1743, in-12°.

BASSIÈRES (E.) : Notice de la Guyane (Exposition universelle de 1900, Colonies et Pays de Protectorat, in-8°.

Le bois de rose de la Guyane et son huile essentielle, Paris, Challamel, 1913, in-8°.

BELLIN : Description géographique de la Guyane, Paris, 1763.

BERNARD (Général Louis) : Coup d'œil sur la situation agricole de la Guyane Française, 1842, in-8°.

Mémoire sur la culture du poivrier à la Guyane Française, 1843, in-8°.

BIET (Antoine) : Voyage de la France équinoxiale en l'Isle de Cayenne, Paris, 1654, in-4°.

BORDAS (L.) : Morphologie générale et étude anatomique de la larve d'Io Irene, chenille séricigène de la Guyane Française, Paris 1905, in-8°. —

BORDEAUX (Albert) : Le dragage aurifère de la Guyane, 1909, in-8°.

La Guyane inconnue; Voyage à l'intérieur de la Guyane Française, 3ᵉ édit., Paris, Plon, 1914, in-12°.

Les placers aurifères de la Guyane Française, 1906, in-8°.

BOUYER (Frédéric) : La Guyane Française, notes et souvenirs d'un voyage exécuté en 1862-1863, Paris 1867, in-8°.

BOYER DU PETIT-PUY (Paul) : Véritable relation de tout ce qui s'est fait et passé au voyage que M. de Brétigny fit à l'Amérique Occidentale, Paris 1654, in-8°.

BRETT (W.-H.) : The Indian tribes of Guiana, their condition and habits, London, 1868, in-8°.

Mission work among the Indian tribes in the forests of Guiana, Londres, s. d., in-16.

BROUSSEAU (G.) : Les richesses de la Guyane Française. Souvenirs et impressions de voyage, 1890, in-4°.

BRUNETTI (Le R. P. J.) : La Guyane Française. Souvenirs et impressions de voyage, 1890, in-4°.

CATINEAU-LAROCHE : De la Guyane Française, Paris, 1822, in-8°.

Notice sur la Guyane Française, Paris 1822, in-8°.

CAZE (J.-F.-A. DE) : Compagnie de Colonisation générale à la Guyane Française, Paris 1826, in-8°.

CERFBERR DE MEDELSHEIM : La Guyane. Civilisation et barbarie. Coutumes et paysages, Paris 1854, in-12°.

CHATON (Prosper) : L'avenir de la Guyane. Cayenne, 1865, in-8°.

COUDREAU (Henri-A.) : Chez nos Indiens. Quatre années dans la Guyane Française 1887-1891). Préface de M. E.-T. Hamy, Paris 1893, in-4°.

Les Français en Amazonie, 1883, in-8°.
La France équinoxiale. — I. Études sur les Guyanes et l'Amazonie. — II. Voyage

à travers les Guyanes et l'Amazonie, 1886, 2 vol., in-8°.

Les richesses de la Guyane Française, Cayenne, 1883.

Le territoire contesté entre la France et le Brésil, Lille 1885.

Vocabulaire méthodique Ouayana, Aparai, Oyampi, émerillons, Paris 1892, in-8°.

Voyage au Rio-Branco, aux Montagnes de la Lune, au Haut-Trombetta (mai 1884, avril 1885), Rouen 1886, in-4°.

COUY : Renseignements sur la navigation des côtes et des rivières de la Guyane Française 1865, in-8°.

CREVAUX (Dr Jules) : Voyage dans la Guyane et le bassin de l'Amazone, Nancy 1880, in-8°.

CRISENOY (Jules de) : Scènes de la vie maritime : De Rochefort à Cayenne 1883,

DANGOISE (Arthur) : Notes, essais et études sur la Guyane Française, avec la collaboration de L. Pottereau, 1905, in-8°.

DARQUITAIN : Récits vécus. Seize ans au Maroni. Notices sur la Guyane Française, Paris, Challamel 1911, in-8°.

DEJEAN (C.-F.-G.) : Essai sur la question coloniale à la Guyane Française, 1859,

DELTEIL (Arthur) : Voyage chez les Indiens Galibis de la Guyane, Nantes 1886.

DENIS (Ferdinand) : La Guyane ou histoire, mœurs, usages et coutumes des habitants de cette partie de l'Amérique, Paris 1823, 2 vol. in-16°.

DES MARCHAIS : Voyage du Chevalier Des Marchais, en Guinée, îles voisines et à Cayenne, fait en 1725, 1726 et 1727, Paris 1730, 4 vol., in-12°.

DUCHESNE-FOURNET (Jean) : La main-d'œuvre dans la Guyane, 1905, in-8°.

DU PARC D'ARAUCOURT (Comte) : la France florissante par la Guyane, 1859, in-8°.

DURAND : La Guyane Française et le Brésil, 1877.

DUVAL (Jules) : Les colonies et la politique coloniale de la France, Paris 1864, in-8°. Etats annuels de commerce, de culture et de population des colonies françaises, 1831 à 1842. (Publication du ministère de la Marine.)

FENINGRE (Hippolyte) : Guyane Française. De la transportation et des établissements pénitentiaires, Lille 1864, in-8°.

FROIDEVAUX (Henri) : Explorations françaises à l'intérieur de la Guyane pendant le second quart du XVIIIe siècle (1720-1742), Paris 1895, in-8°.

Frontières entre le Brésil et la Guyane Française, 1899, 7 vol. in-8°.

FUSÉE-AUBLET (J.-B.-Christian) : Histoire des plantes de la Guyane Française, Paris 1775, 4 vol., in-4°.

GROS (Jules) : Les Français en Guyane, 1887, in-8°.

GUILLON (Dr A.) : Lèpre, lépreux et léproseries à la Guyane Française, Paris 1912, in-12°.

GUISAN : Traité sur les terres noyées de la Guiane, appelées communément *Terres-Basses*, Cayenne 1788, in-12°.

HAURIGOT (Georges) : Littérature orale de la Guyane Française, 1893, in-8°.

HECKEL (Dr Edouard) : Les plantes médicinales et toxiques de la Guyane Française, 1897.

HENRIQUE (Louis) : Les Colonies françaises (*La Guyane*), 1889.

HUE (F.) : La Guyane Française, 1886.

HUE (F.) et HAURIGOT (G.) : Nos grandes colonies: — Amérique, les Antilles, la Guyane, 1886, in-12.

ITIER (Jules) : Notes statistiques sur la Guyane Française, 1844, in-8°.

JACOB (Léon) : Notice sur la Guyane Française, Paris, Roche d'Estrez, 1922, in-8°.

LABAT (Le P.) : Voyez Des Marchais : Voyage à Cayenne.

LABORIA : De la Guyane Française et de sa colonisation, 1843, in-8°.

LAFFON-LADEBAT : Journal de ma déportation à la Guyane Française (fructidor, an V ventôse an VII). Publié par Frédéric Masson, Paris, Ollendorff, 1912, in-12°.

LAON-D'AIGREMONT (J. DE) : Relation du voyage des Français, fait au Cap Nord, en Amérique, par les soins de la Compagnie, établie à Paris, sous la conduite de M. de Royville, Paris 1654.

LAPORTE (Paul) : La Guyane des Ecoles, Paris 1919, in-8°.

LARUE (Chevalier de) : Histoire du 18 fructidor. La déportation des députés à la Guyane, leur évasion et leur retour en France, 1895, in-8°.

LAURE (D' Jules) : Considérations pratiques sur les maladies de la Guyane et des pays marécageux, situés entre les tropiques, 1859, in-8°.

LE BLOND (F.-F.) : Etudes sur les fruits de la Guyane Française, 1859, in-8°.

LE COMTE (Henri) : Les arbres à gutta-percha, leur culture. Mission relative à l'acclimatation de cet arbre aux Antilles et à la Guyane, 1899, in-8°.

LE FEBVRE DE LA BARRE : Description de la France équinoxiale, 1666.

LESCALLIER (Daniel) : Exposé des moyens de mettre en valeur et d'administrer la Guyane, 1791.

LEVAT (T.-D.) : Guide pratique pour la recherche et l'exploitation de l'or en Guyane Française, 1898, in-8°.

La Guyane Française en 1902. Législation minière 1902, in-8°.

LONDRES (Albert) : Au Bagne, Paris 1923.

LOUBÈRE : Situation économique de la Guyane Française en 1874.

MAGER (Henri) : La Guyane Française (texte et atlas), 1893, in-4°.

MALOUET : Mémoires et correspondance sur l'administration des colonies, Paris 1817.

MARCHAL : La vérité sur Cayenne. Avantages d'une nouvelle colonisation de la Guyane Française, 1852, in-18°.

MARTIN-LAVIGNE (T.) : Recherches sur les bois de la Guyane, 1909, in-8°.

MAUREL (D' E.) : Histoire de la Guyane Française, 1889, in-8°.

MENTELLE (Simon) : Mémoire sur la possibilité d'établir à la Guyane des colonies de blancs cultivateurs.

MILLIROUX (Félix) : La Guyane Française, 1846, in-8°.

Mission d'Etudes forestières envoyées dans les colonies françaises par les ministères de la Guerre, de l'Armement et des Colonies : Commandant A. Bertin, membres : Cap. Launois, MM. Bettenfeld et F. Fleury. — Paris, Larose, in-8°, tome V. Les bois de la Guyane et du Brésil, 1920, 323 pages, cartes, phot.

MOREAU DE JONNES : Essai sur la statistique de la Guyane Française.

MONTEZON (DE) : Mission de Cayenne et de la Guyane Française, 1857.

MOQUET (Jean) : Voyage en Afrique, Asie, Indes Orientales et Occidentales, 1616.

MOURIÉ (J.-F.-M.) : La Guyane Française, 1874.

NIBAUT (Ernest) : Guyane Française. Etude sur son administration et ses richesses aurifères, 1882.

NOUVION : Extraits des auteurs et voyageurs qui ont écrit sur la Guyane, Paris 1844.

NOYER : Mémoire sur la Guyane Française, Cayenne, 1824.

Des forêts vierges de la Guyane, 1827.

PARISET : Note sur la colonisation blanche à la Guyane.

PELLEGRIN (D' J.) : Les poissons d'eau douce de la Guyane Française, 1908.

PELLEPRAT : Relation des missions des Pères de la Compagnie de Jésus dans les Iles et dans la terre ferme de l'Amérique méridionale.

PERROTET : Rapport de Mission, 1842. Précis sur la colonisation des bords de la Mana. Paris, 1835. (Ministère de la Marine.)

Précis historique de l'expédition du Kourou, Paris, 1842. (Ministère de la Marine.)

PRÉFONTAINE (DE) : Maison rustique à l'usage des habitants de la France équinoxiale connue sous le nom de Cayenne, Paris, 1763, in-8°.

RAMEL : Journal de Ramel, adjudant général, Londres, 1799.

RECLUS (Elisée) : Nouvelle géographie universelle, XIX. Amérique du Sud, Paris, 1894.

RENARD : Mission de Guyane en 1910. Résumé du rapport de M..., Paris, Larose, 1913, in-8°.

SAGOT (Dr P.) : Agriculture de la Guyane française (1835-1860), 1874.

Généralités sur la Guyane française, 1874.

SAINT-AMAND (DE) : Histoire de la Guyane. Guyane Française, ses mines d'or et ses autres richesses, 1856, in-8°.

SAINT-QUENTIN (Auguste de) : Introduction à l'histoire de Cayenne, 1872, in-12.

SENEZ (A.) : Notice historique sur les établissements faits dans la Guyane, Cayenne, 1821.

TERNAUX-COMPANS (Henri) : Notice historique sur la Guyane Française, 1843.

THÉBAULT DE LA MONDERIE : Voyages faits dans l'intérieur de l'Oyapok de 1819 à 1847, Nantes, 1856.

TRIPOT (Dr) : La Guyane. Au pays de l'or, des forçats et des Peaux-Rouges, Paris, 1910, in-12.

VELAIN (Ch.) : Notes géologiques sur la Haute-Guyane, 1879.

Esquisse géologique de la Guyane Française et des bassins du Parou et du Yari, d'après les explorations du docteur Crevaux, 1886, in-8°.

VERSCHUUR (G.) : Voyage aux trois Guyanes et aux Antilles, 1894, in-12°.

VIALA (L.-F.) : Les filons d'or de la Guyane Française, 1886, in-8°.

VIDAL : Voyages d'exploration sur le Haut-Maroni (Guyane Française), septembre à novembre 1861, Paris, 1862, in-8°.

VIDAL-LABLACHE (Paul) : La rivière Vincent-Pinzon. Etude sur la cartographie de la Guyane, 1902, in-8°.

VILLIERS (Baron Marc de) : Voyage d'exploration dans le Haut - Maroni (Guyane Française et Hollandaise), par les membres de la Commission franco-hollandaise, 1882, in-8°.

YVAN (Dr Melchior) : Les déportés à Cayenne en l'an VII de la République, 1852, in-16°.

TABLE DES GRAVURES

Les clichés des pages 34, 35, 41, 43, 47, 51, 59 ont été obligeamment communiqués par l'Agence Générale des Colonies.

Nous devons également à l'obligeance du journal Le Monde Colonial Illustré, 11 bis, rue Keppler, à Paris, les gravures des pages 67 et 77.

TABLE DES CARTES

TABLE DES MATIÈRES

Imprimerie Dubois et Bauer, 34, rue Laffitte, Paris.